PLANCHES

POUR LE QUATRIEME VOLUME

DU COURS

D'ARCHITECTURE,

QUI CONTIENT

LES LEÇONS données en 1750, & les années
suivantes, par J. F. BLONDEL Architecte,
dans son École des Arts.

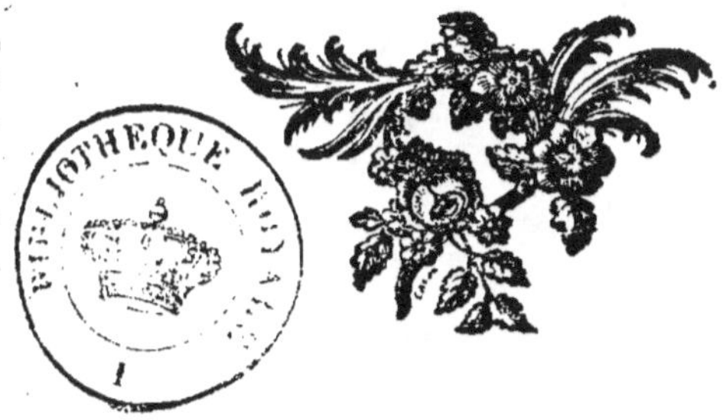

A PARIS,

Chez la Veuve DESAINT, Libraire, rue du Foin-S.-Jacques.

M DCC LXXIII.

Avec Approbation & Privilége du Roi.

DIFFERENTS DESSINS DE PARTERRES.

Fig. I.

Fig. II.

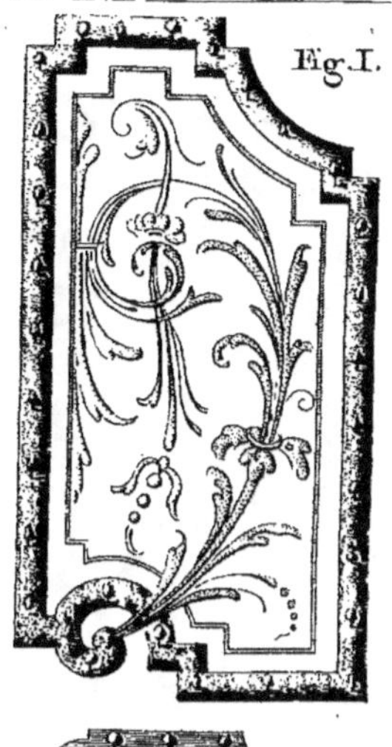

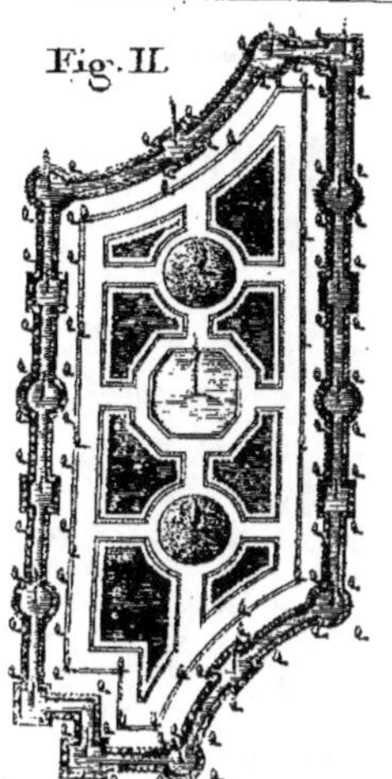

Fig. III.

Fig. IV.

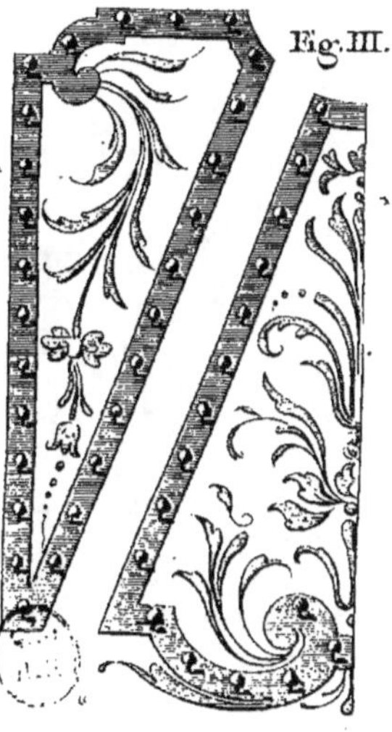

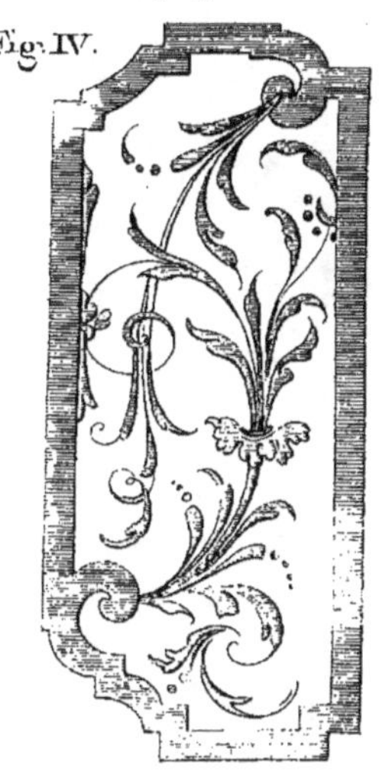

Raincour del.

Croisey Sculp.

DIFFERENTS DESSINS DE PARTERRES.

Fig. I.

Fig II.

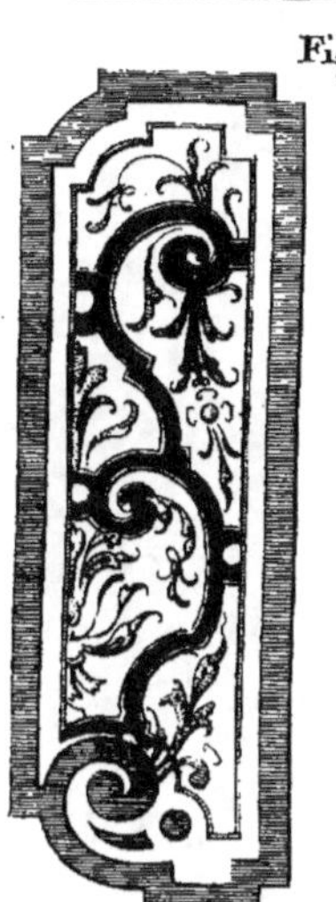 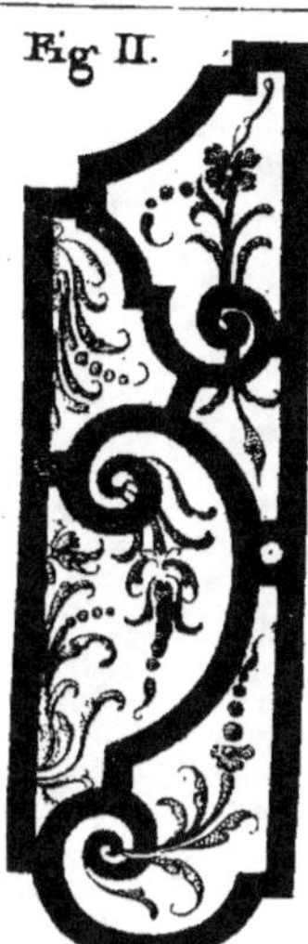

Fig. III.

Fig. IV.

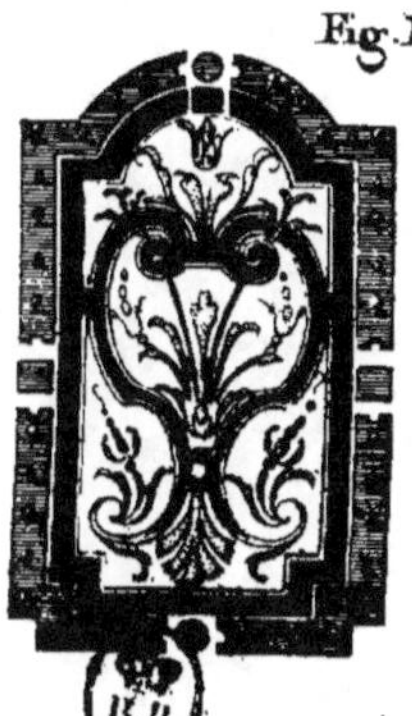 

Rancœur del.

Croisey sculp.

DIFFERENTS DESSINS DE BOULINGRINS.

Fig. II.

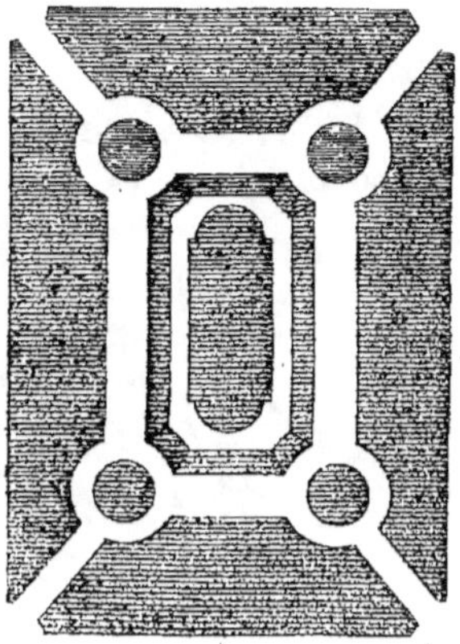

Fig. I.

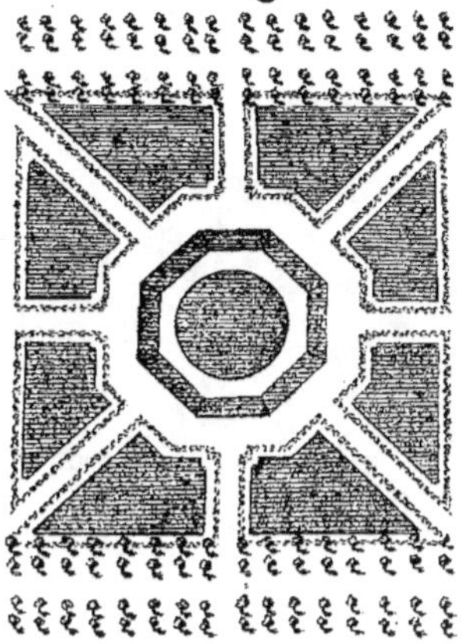

Fig. IV.

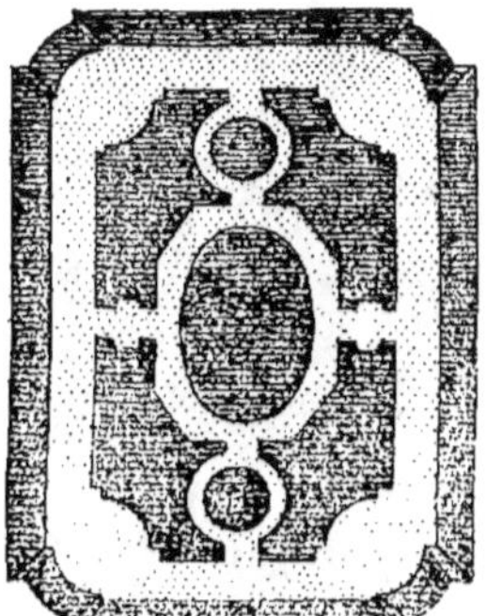

Fig. III.

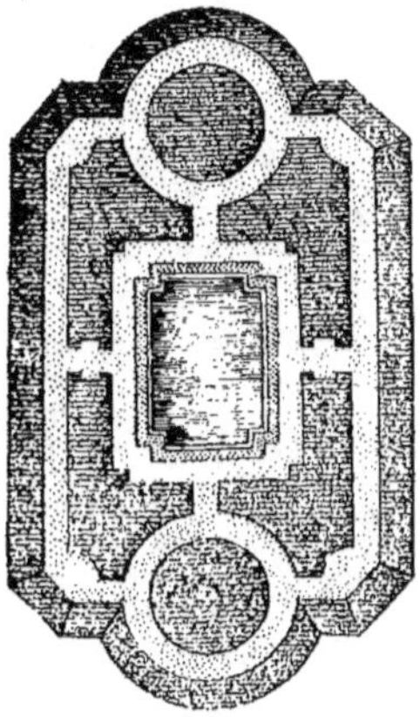

VERTU-GADINS EN AMPHITHEATRES.

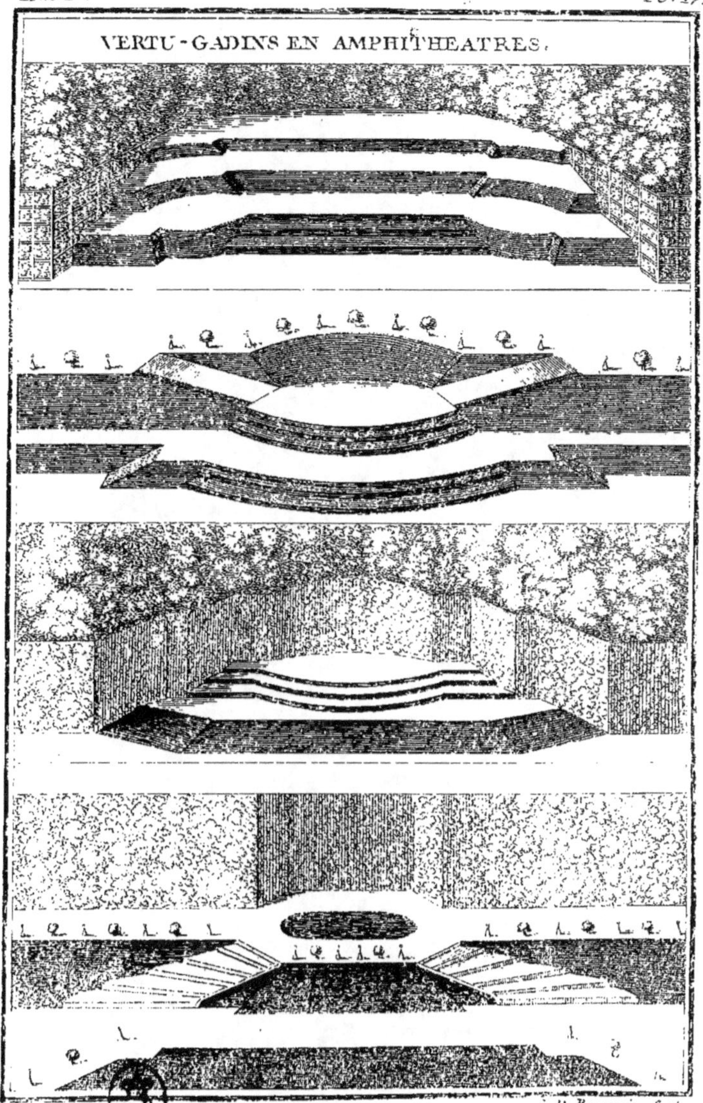

Batteux del.   JB. Beauvais Sculp.

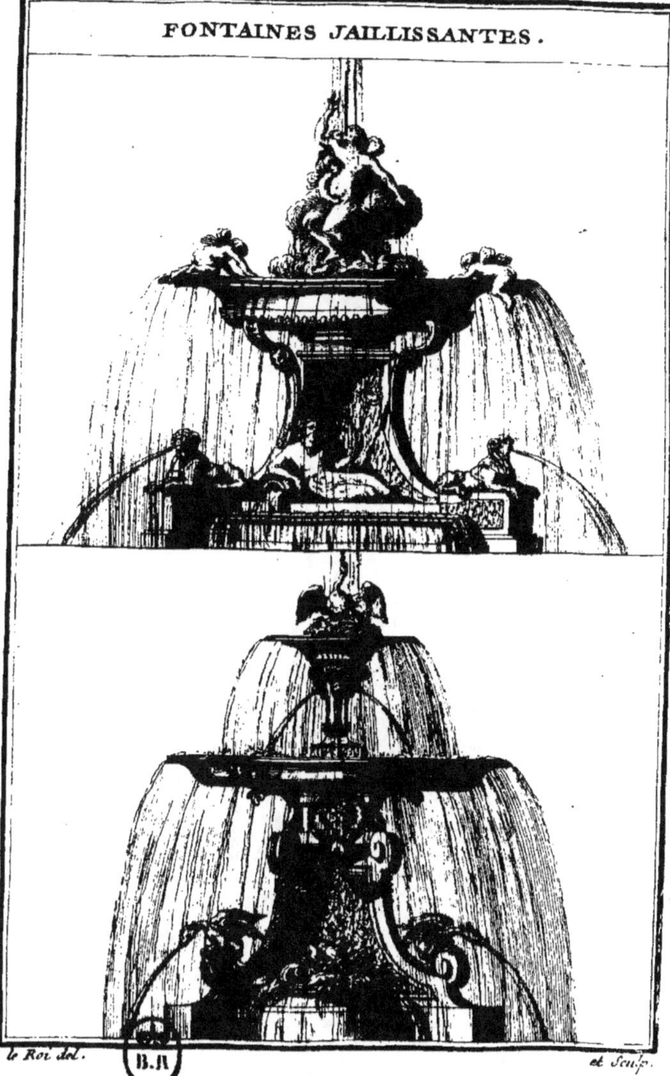
FONTAINES JAILLISSANTES.
le Roi del.
et Sculp.

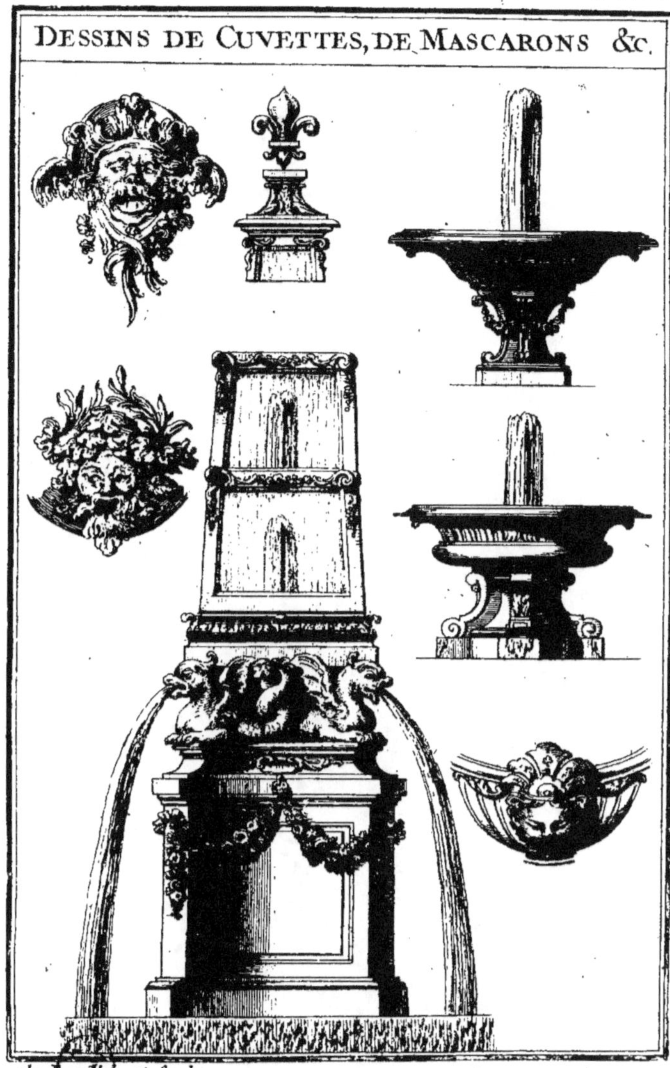
DESSINS DE CUVETTES, DE MASCARONS &c.
le Roy Fec. et Sculp

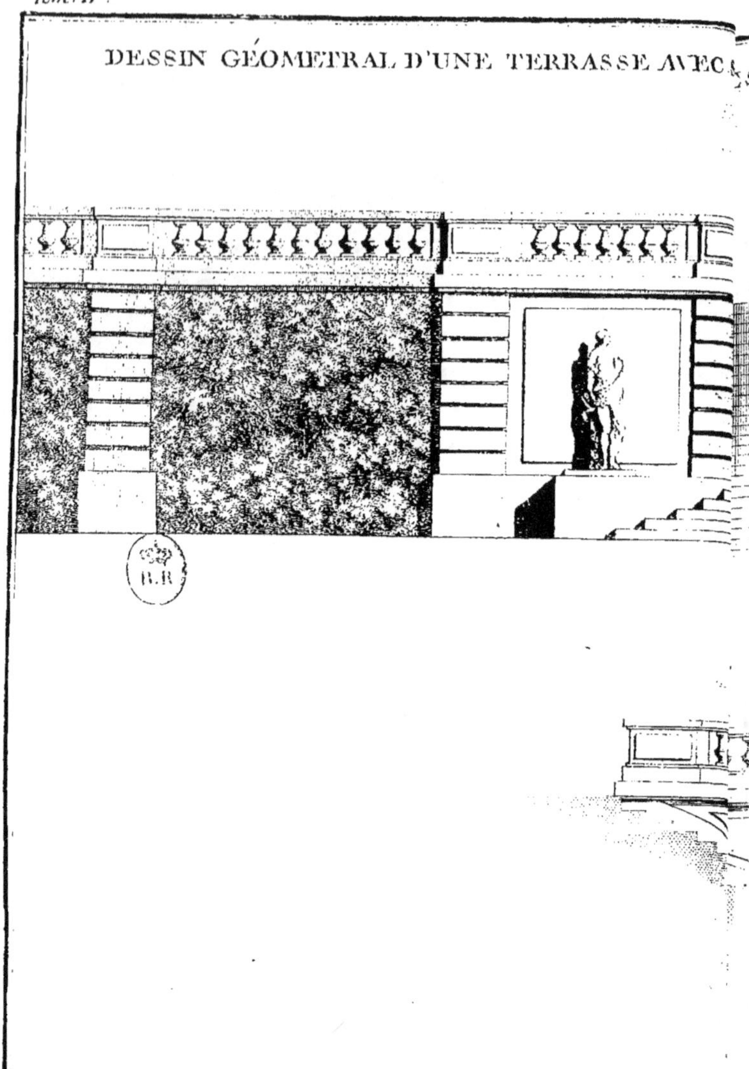

DESSIN GÉOMÉTRAL D'UNE TERRASSE AVEC
Raincour del.

OURONNÉE D'UNE BALUSTRADE ET REVÊTUË EN PARTIE PAR UNE
E DE CHARMILLE.

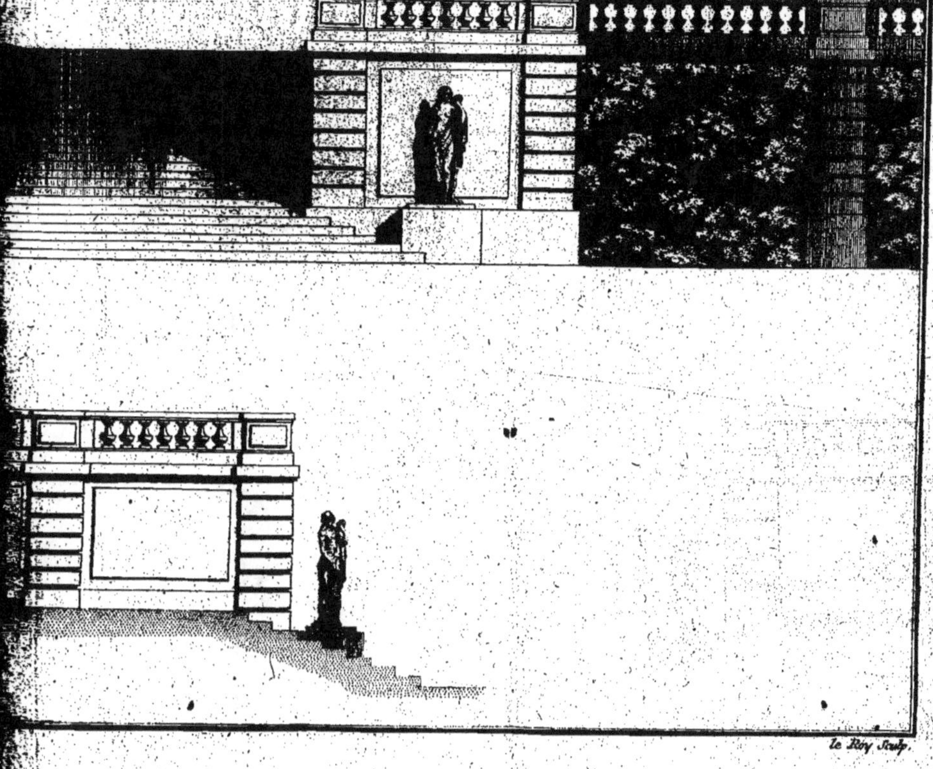

le Roy Sculp.

DESS I.

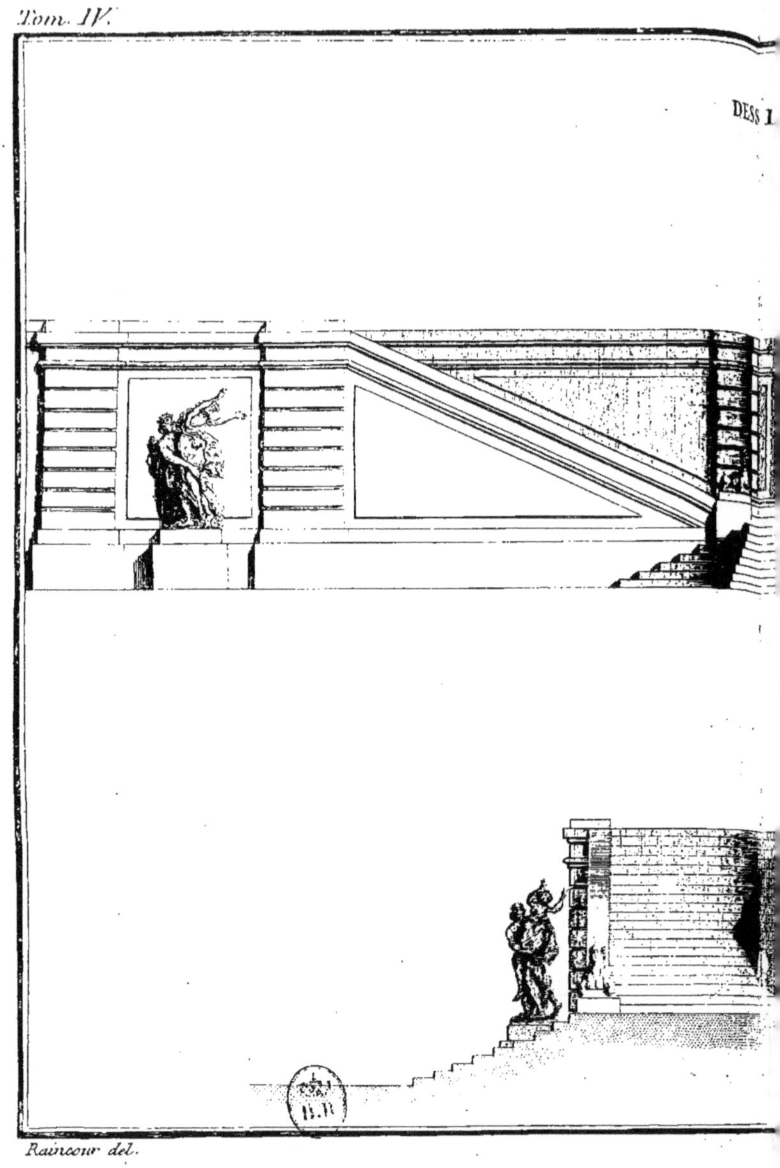

Raincour del.

TERRASSE ET ESCALIER.

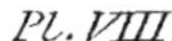

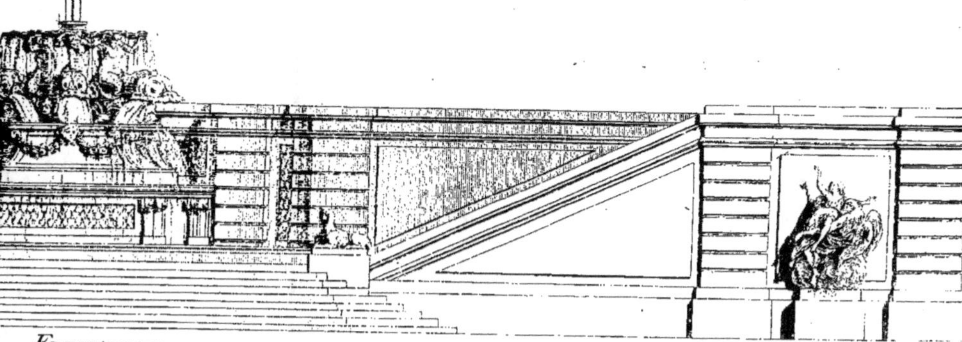

ELEVATION.

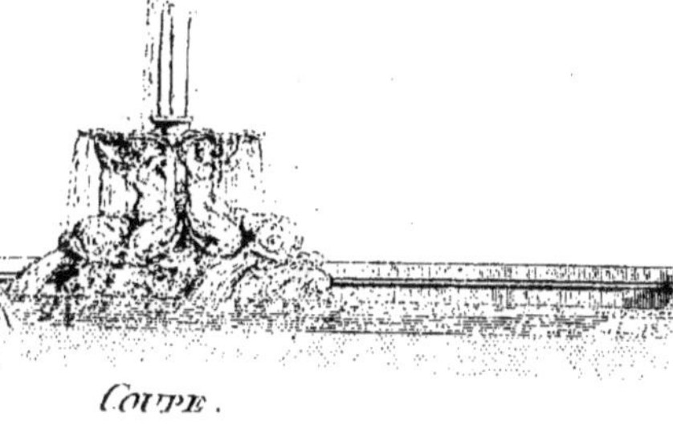

COUPE.

le Roi Sculp.

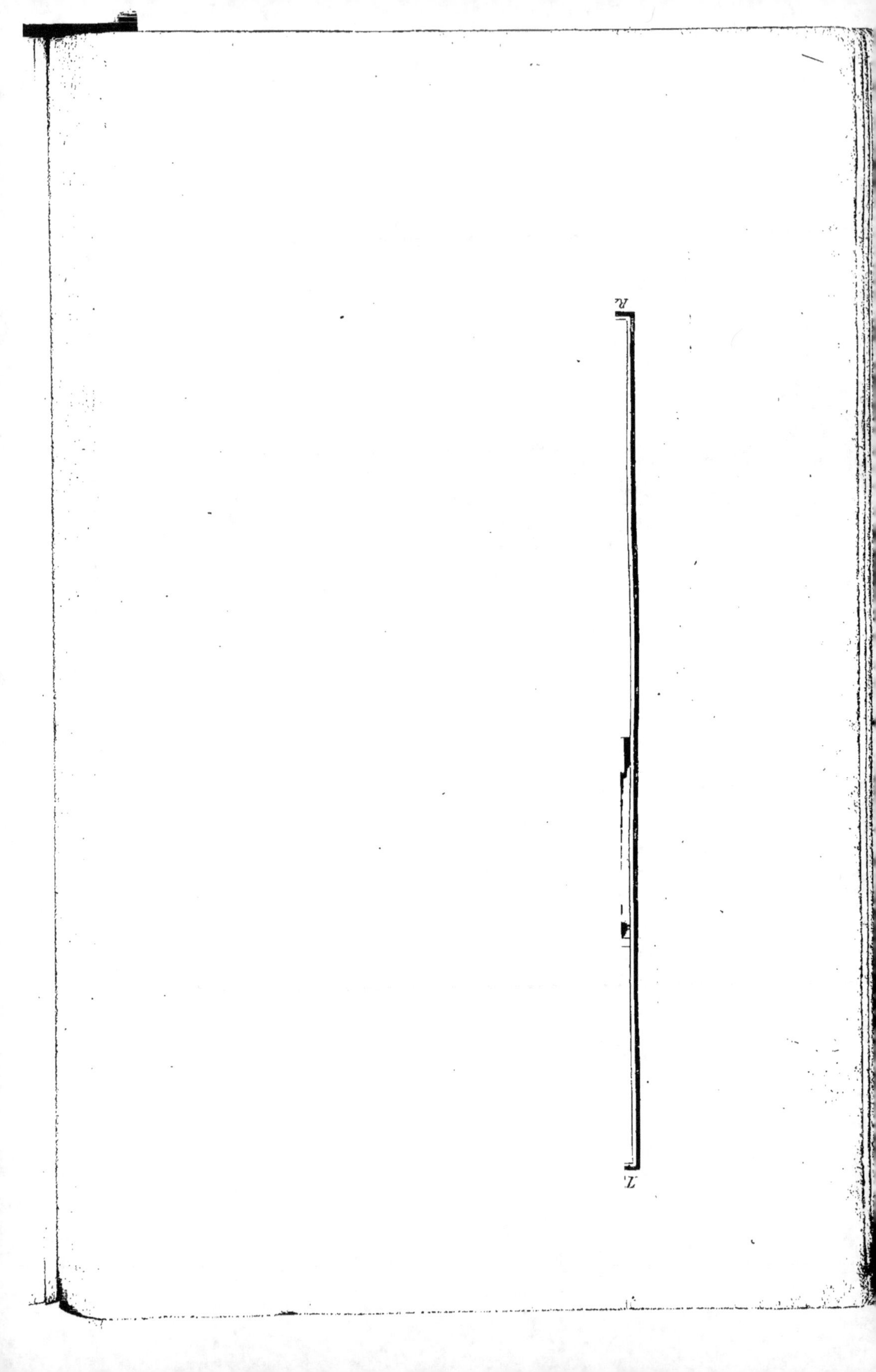

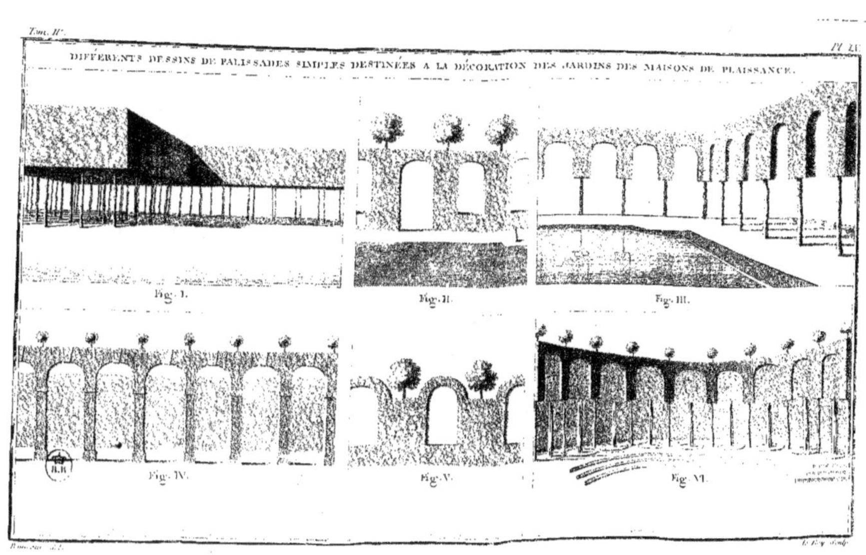

DIFFÉRENTS DESSINS DE PALISSADES SIMPLES DESTINÉES A LA DÉCORATION DES JARDINS DES MAISONS DE PLAISANCE.

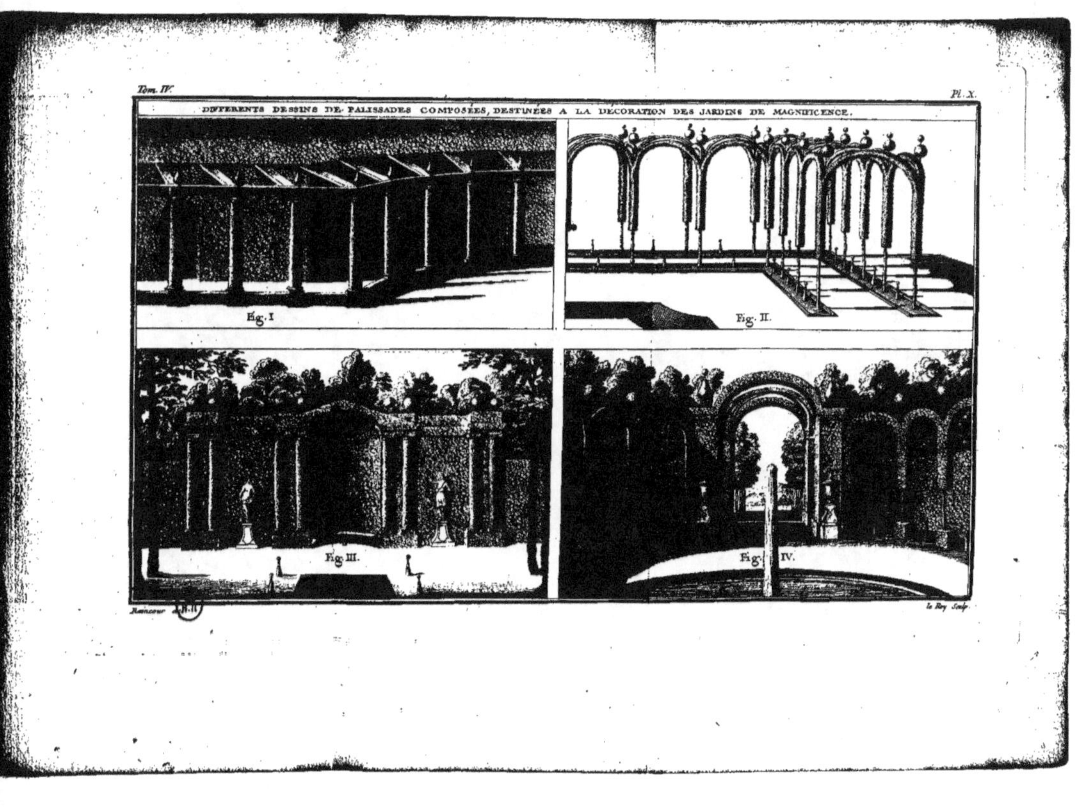

Tom. IV.
Pl. X.
DIFFERENTS DESSINS DE PALISSADES COMPOSÉES, DESTINÉES A LA DECORATION DES JARDINS DE MAGNIFICENCE.
Fig. I.
Fig. II.
Fig. III.
Fig. IV.
Rancour
le Roy Sculp

DIFFERENTS DESSINS DE BOSQUETS A L'USAGE DES
JARDINS DE PROPRETE.

Broset del.
C. D. Beauvais Sculp.

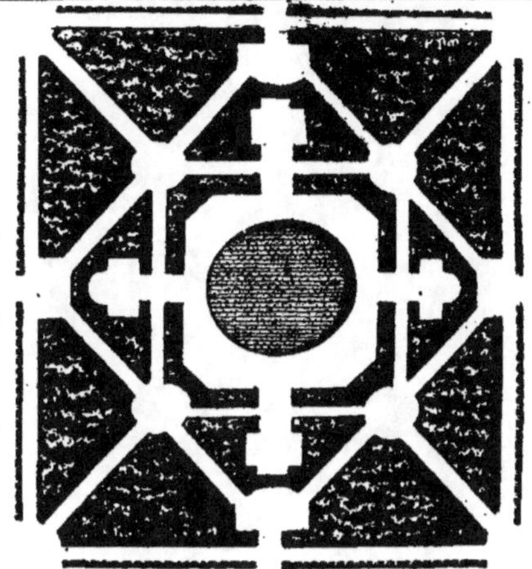

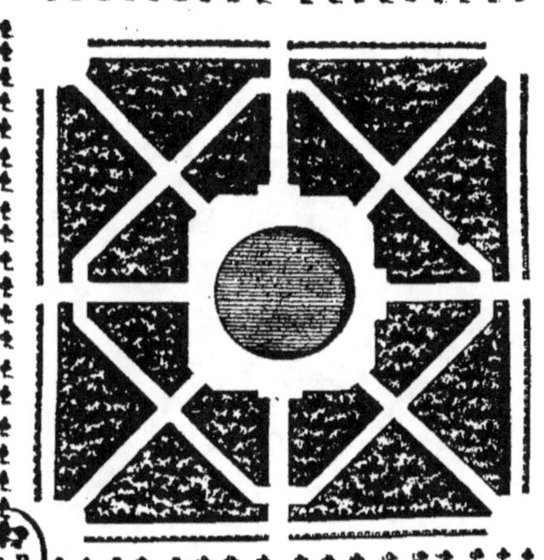

Brosat del. C.D. Rouveau Sculp.

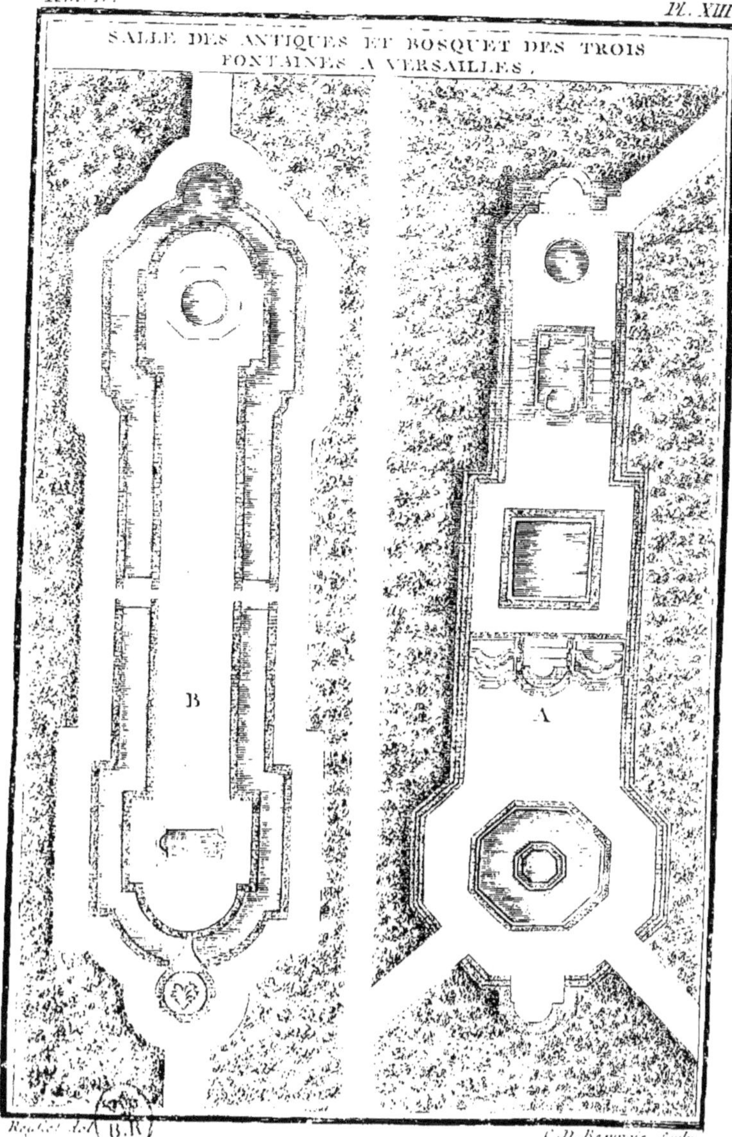

C. D. Beaumont Sculp.

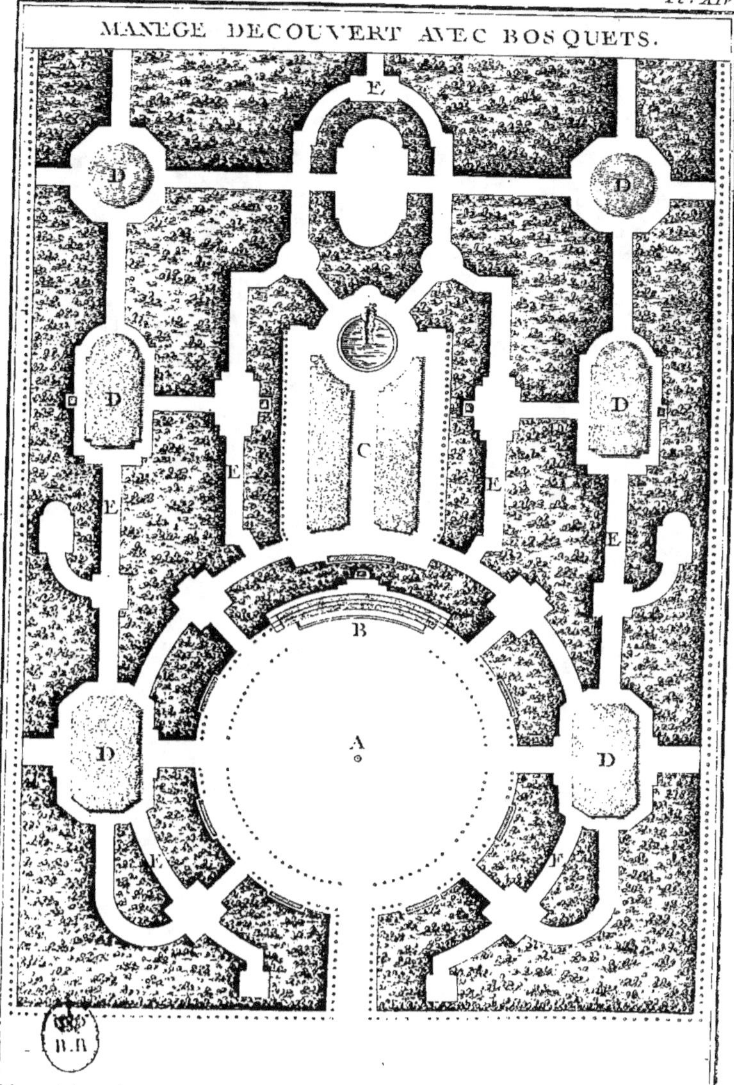
MANEGE DECOUVERT AVEC BOSQUETS.
E
D
D
D
D
E
E
E
E
C
B
A
D
D
F
F
B.B.
De Lorme del.
Beauvais Sculp.

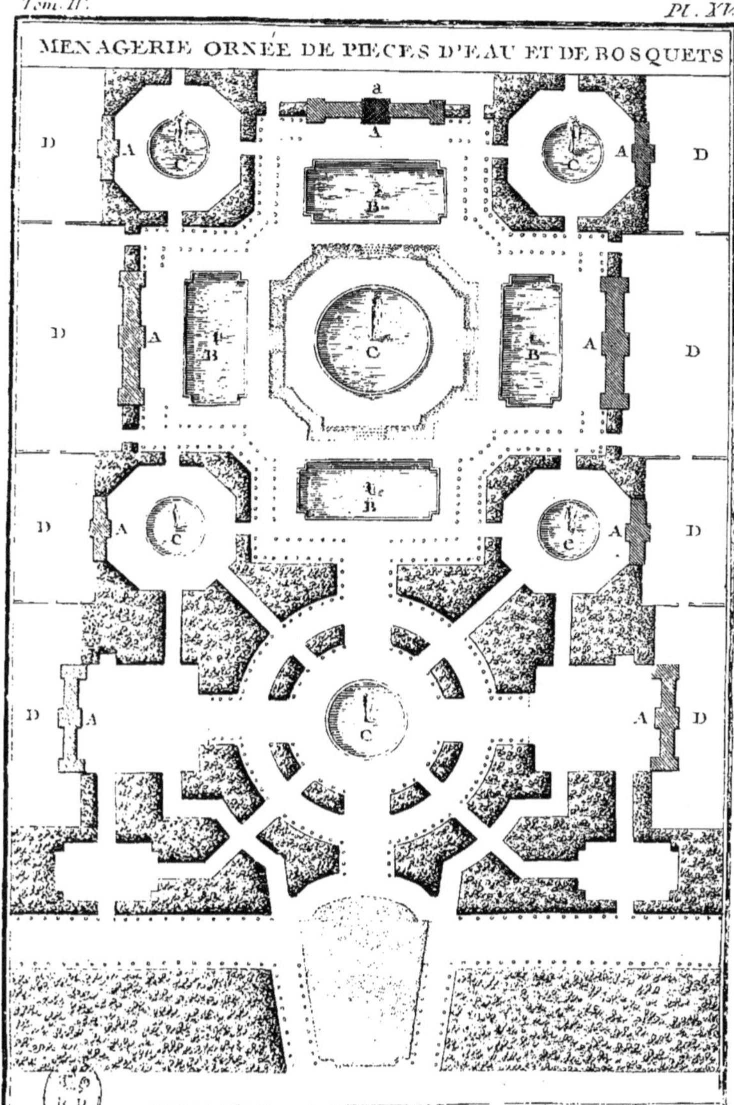

de Lorme del.	P. D. Beauvais Sculp.

SALLE DE BAL AVEC CABINETS DE VERDURE.

De l'orme del.

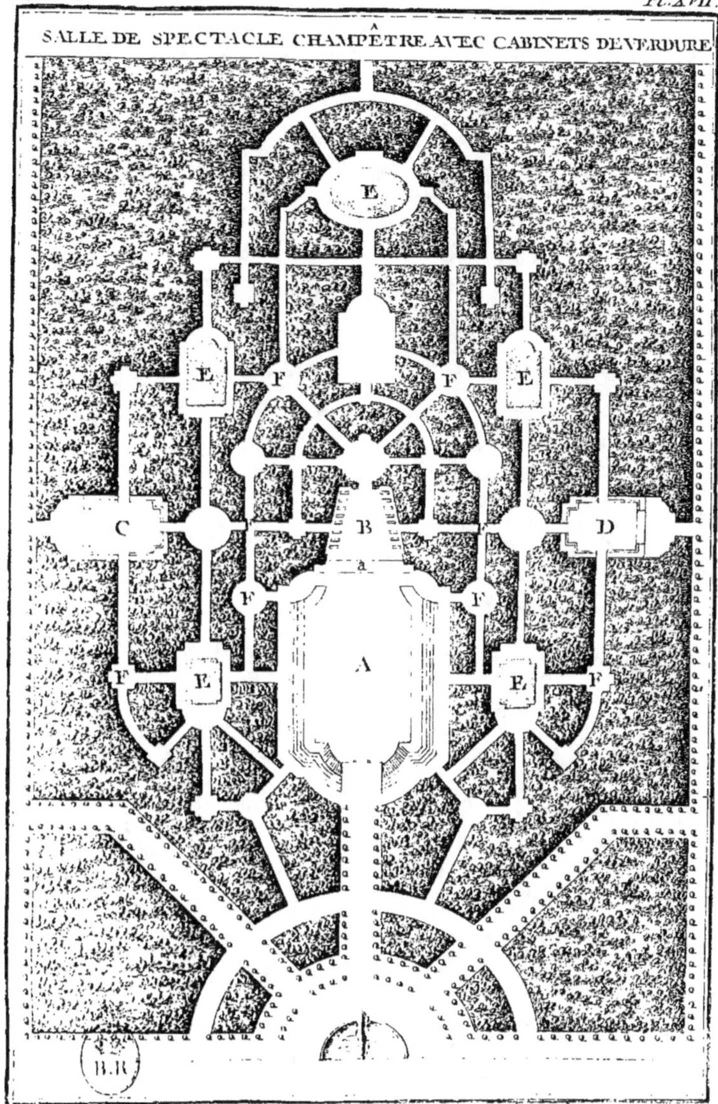

Delorme del.

C.D. Roi...as Sculp.

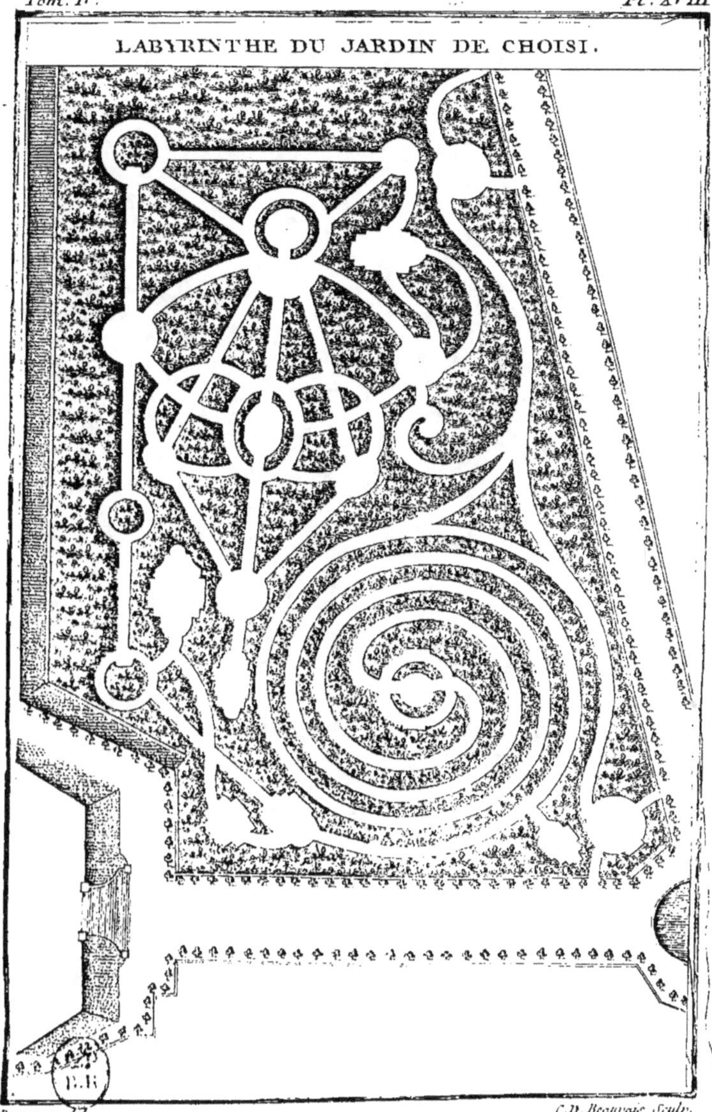
LABYRINTHE DU JARDIN DE CHOISI.
Runcour del.
C.D.Beauvais Sculp.

LABYRINTHE DU JARDIN DE CHANTILLY.

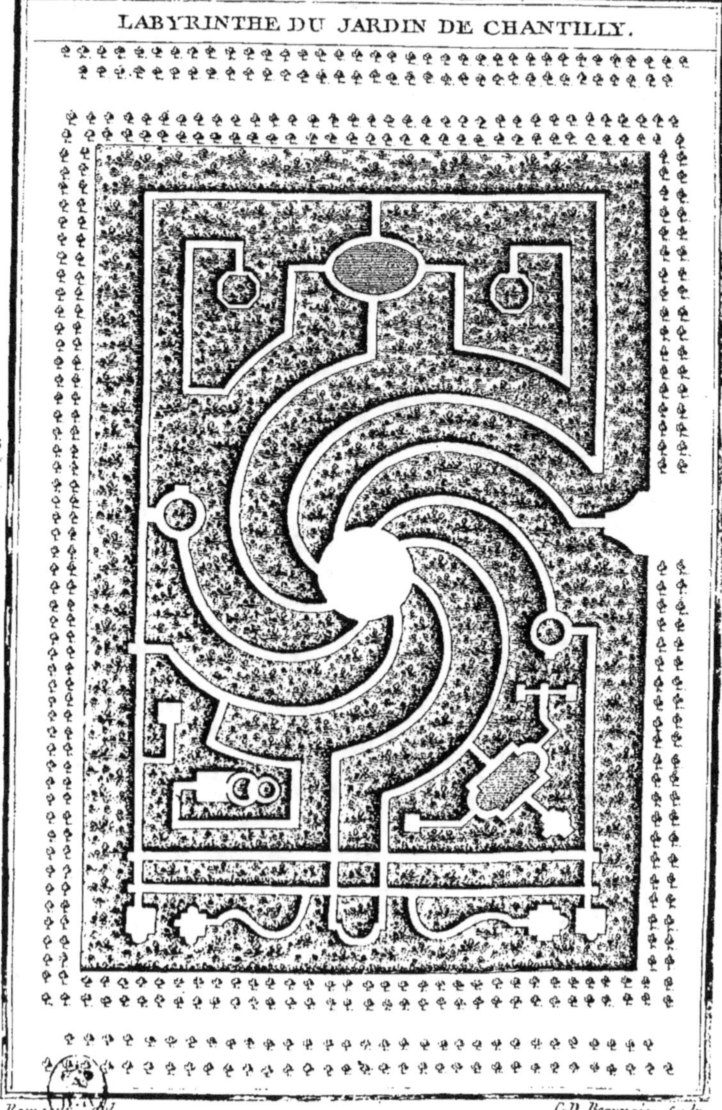

Rameau del.   C.D. Beauvais Sculp.

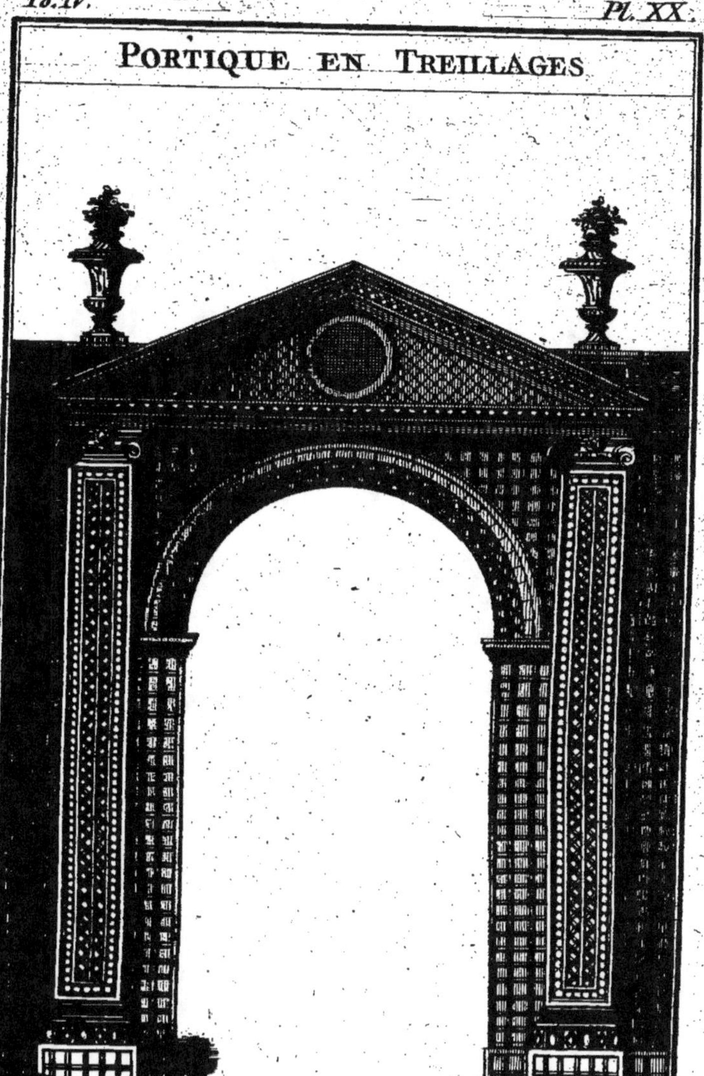
PORTIQUE EN TREILLAGES
DeWal del. et Sculp.

NICHE EN TREILLAGES

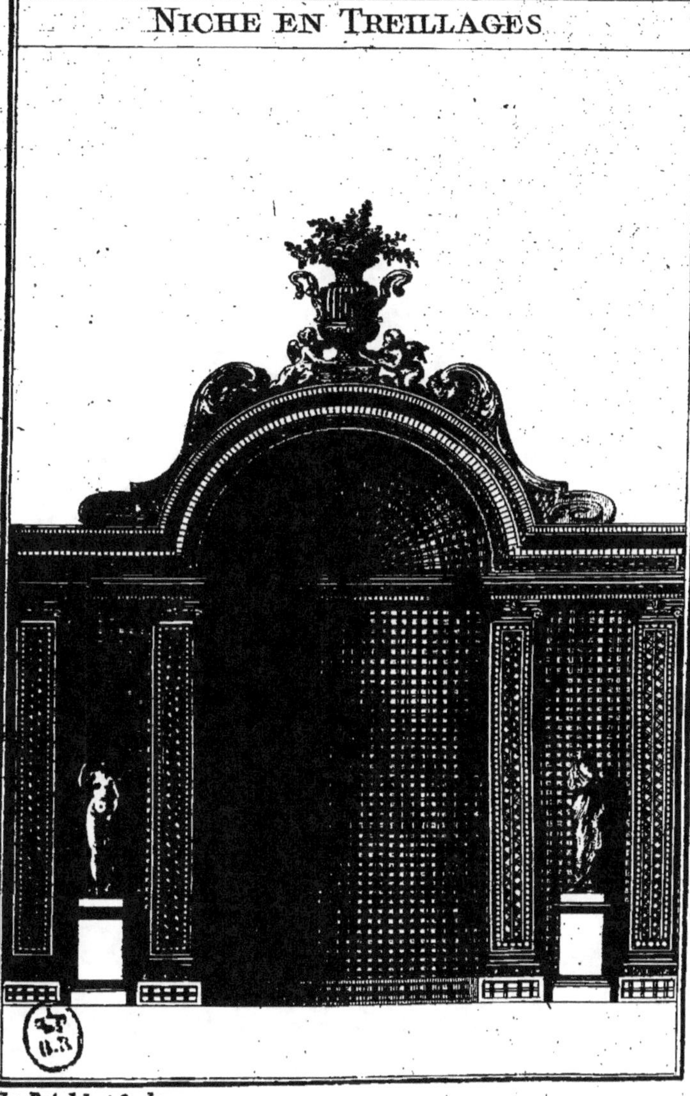

Le Roi del. et Sculp.

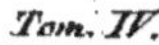

DIVERS DESSINS DE VASES EN MARBRE ET EN BRONZE.

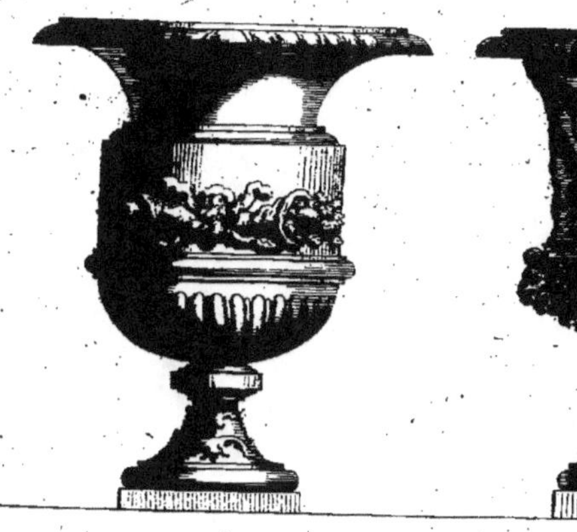

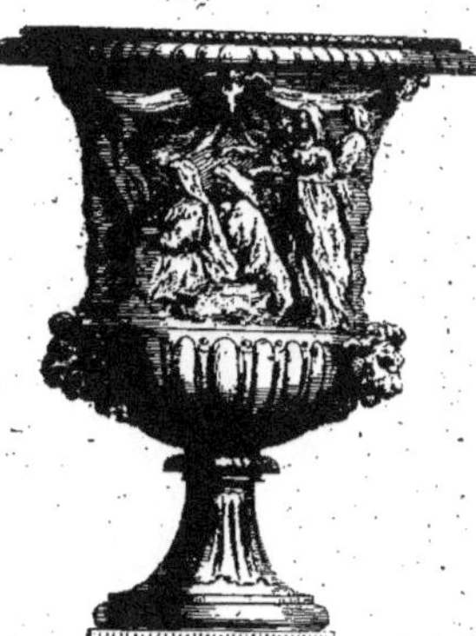

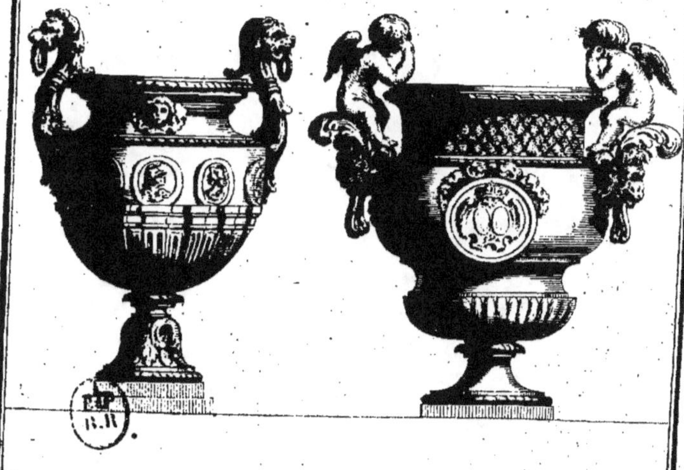

le Roi del.

le Roi sculp.

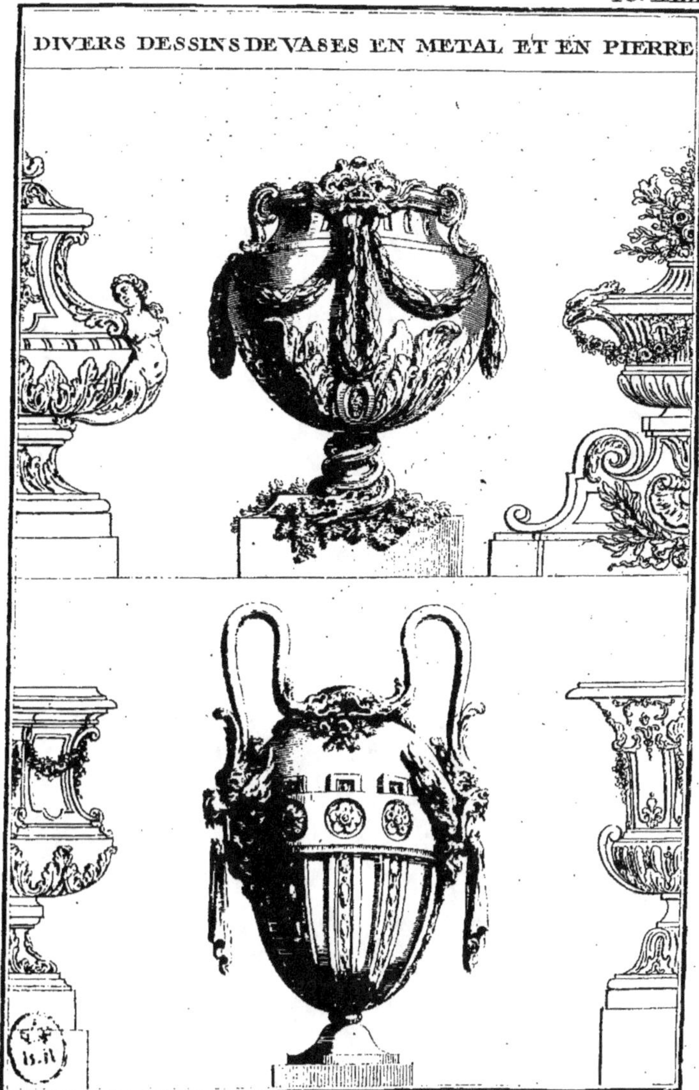

Le Roi del.   le Roi Sculp.

PLAN GÉNÉRAL PROJETTÉ EN 1766. POUR LE 'CATE[...]

RENVOI POUR LES BATIMENTS.

A. Principale Avenue.

B. Cour principale.

F. Chateau.

G. Pavillon de la Chapelle et Corps de Logis pour les Etrangers.

H. Cour des Etrangers.

I. Basses-Cours.

Masse d'une Partie de la Ville du Cateau-Cambresis.

RENVOI POUR LES JARDINS ET LES DEPENDANCES.

N. Piéce d'eau servant de reservoir pour la distribution des eaux dans les Jardins et dans les Bâtiments.

Q. Autre piece d'eau formant Canal rempli par la Riviere R. au milieu duquel elle passe.

T. Plateforme ou Belvedere.

V. Bois du Roi.

X. Rendez vous de Chasse.

S. Batiment qui contient une machine Hydraulique qui porte les eaux dans la piece d'Eau N.

Echelle de 50 200. Toises.

Terre

la Faye del.

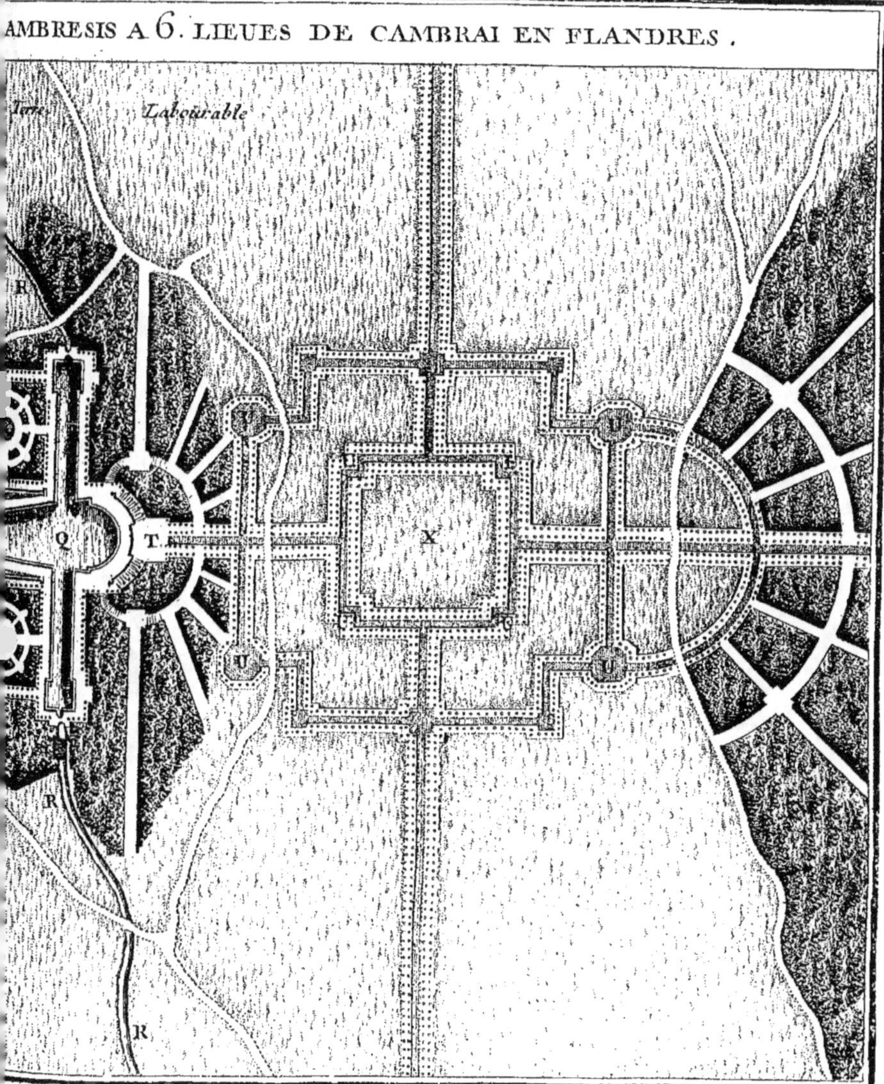
...AMBRESIS A 6. LIEUES DE CAMBRAI EN FLANDRES.
Terre Labourable
R
Q
T
X
V
V
R
R
C. D. Beauvais Sculp.

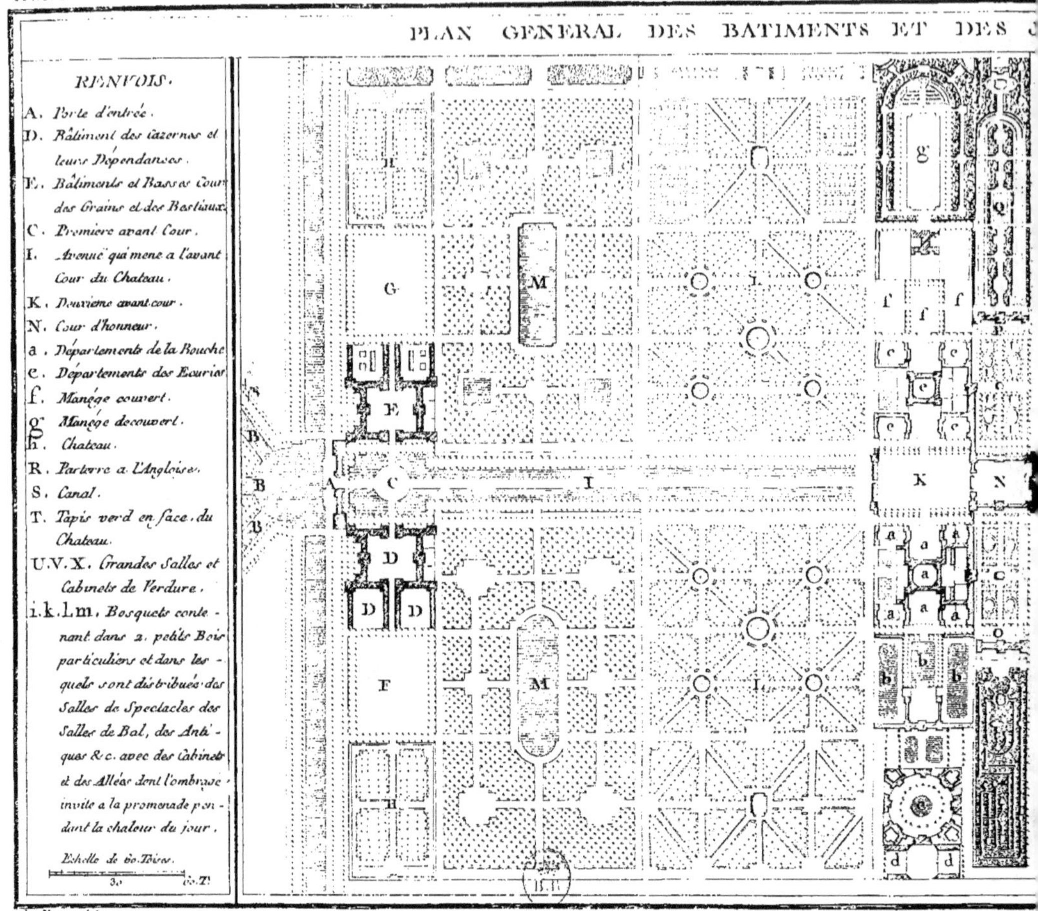
RENVOIS.
A. Porte d'entrée.
D. Bâtiment des cazernes et leurs Dépendanses.
E. Bâtiments et Basses Cour des Grains et des Bestiaux.
C. Première avant Cour.
I. Avenue qui mene a l'avant Cour du Chateau.
K. Deuxieme avant cour.
N. Cour d'honneur.
a. Departements de la Bouche.
c. Departements des Ecuries.
f. Manège couvert.
g. Manège decouvert.
h. Chateau.
R. Parterre a l'Angloise.
S. Canal.
T. Tapis verd en face du Chateau.
U.V.X. Grandes Salles et Cabinets de Verdure.
i.k.l.m. Bosquets contenant dans 2 petits Bois particuliers et dans lesquels sont distribuées des Salles de Spectacles des Salles de Bal, des Antiques &c. avec des Cabinets et des Allées dont l'ombrage invite a la promenade pendant la chaleur du jour.
Echelle de 60 Toises.
30   60 T.

la Faye del.

D'UN MAGNIFIQUE CHATEAU PROJETTÉ POUR L'ALLEMAGNE.

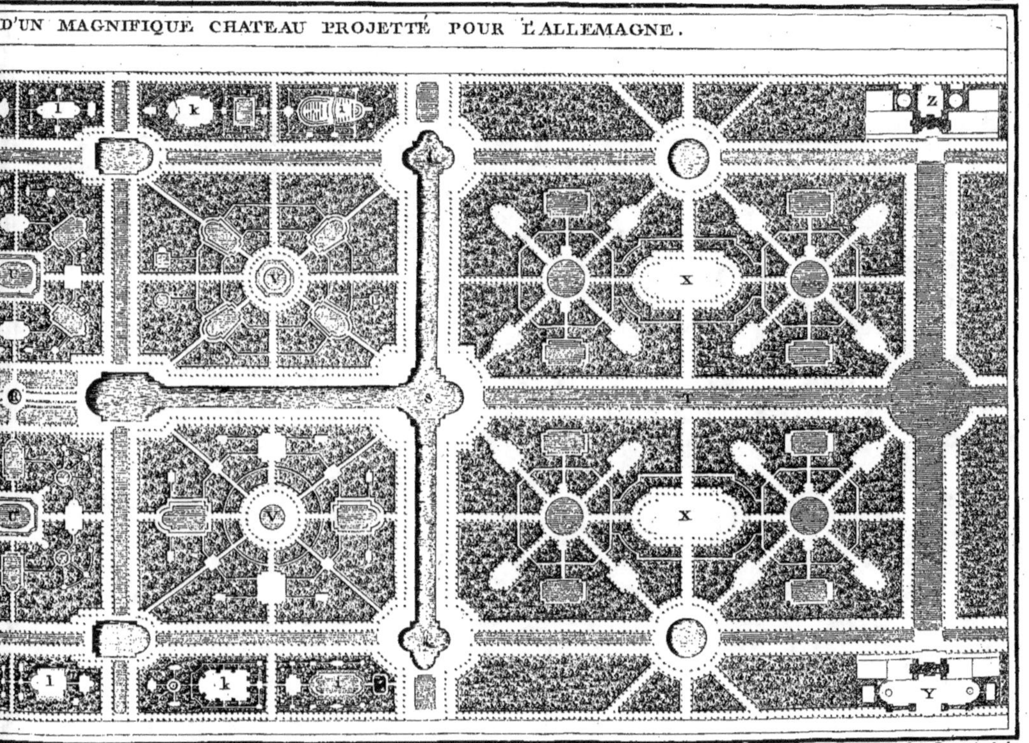

C. D. Beauvais Sculp.

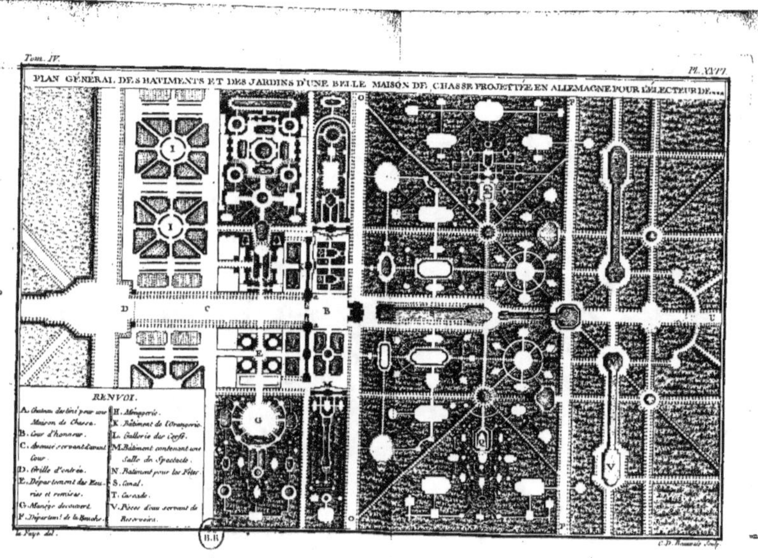

PLAN GÉNÉRAL DES BATIMENTS ET DES JARDINS D'UNE BELLE MAISON DE CHASSE PROJETTÉE EN ALLEMAGNE POUR L'ELECTEUR DE....
RENVOI.
A. Chateau destiné pour une Maison de Chasse.
B. Cour d'honneur.
C. Avenue servant d'avant Cour.
D. Grille d'entrée.
E. Département des Ecuries et remises.
G. Manége découvert.
F. Département de la Bouche.
H. Ménagerie.
K. Bâtiment de l'Orangerie.
L. Gallerie des Cerfs.
M. Bâtiment contenant une Salle de Spectacle.
N. Bâtiment pour les Fêtes.
S. Canal.
T. Cascade.
V. Pieces d'eau servant de Reservoirs.
la Paye del.
C. D. Rouveit Sculp.

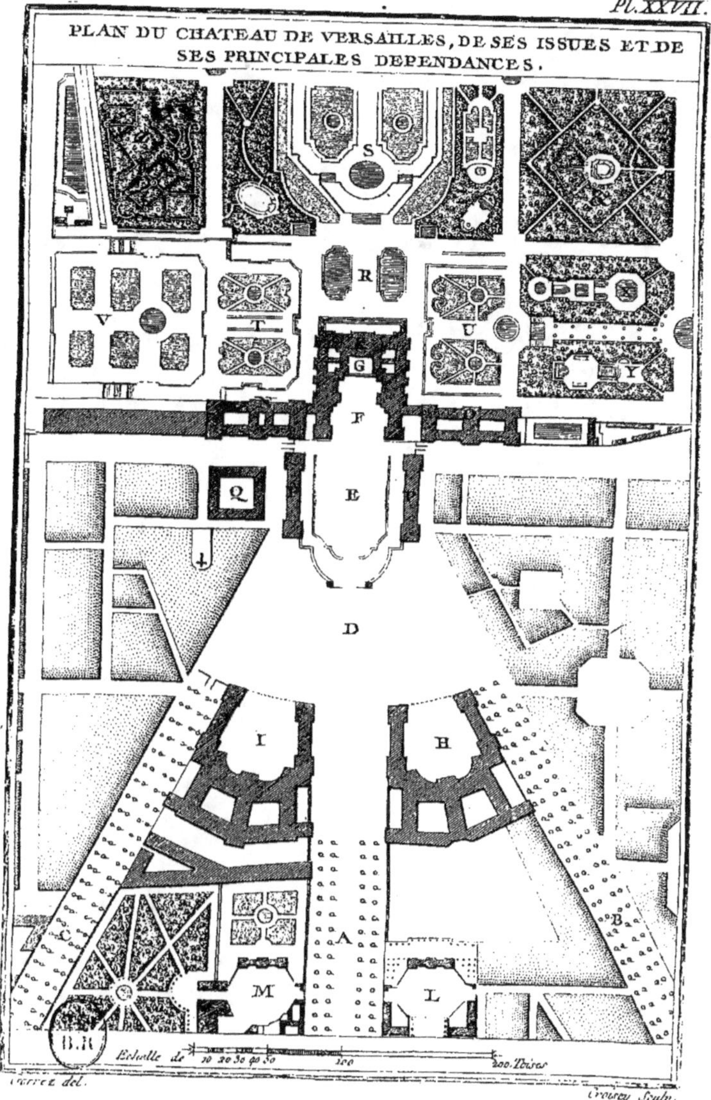

PLAN DU CHATEAU DE VERSAILLES, DE SES ISSUES ET DE
SES PRINCIPALES DEPENDANCES.
Echelle de 10 20 30 40 50 100 200 Toises
Sorret del.
Croisey Sculp.

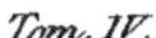

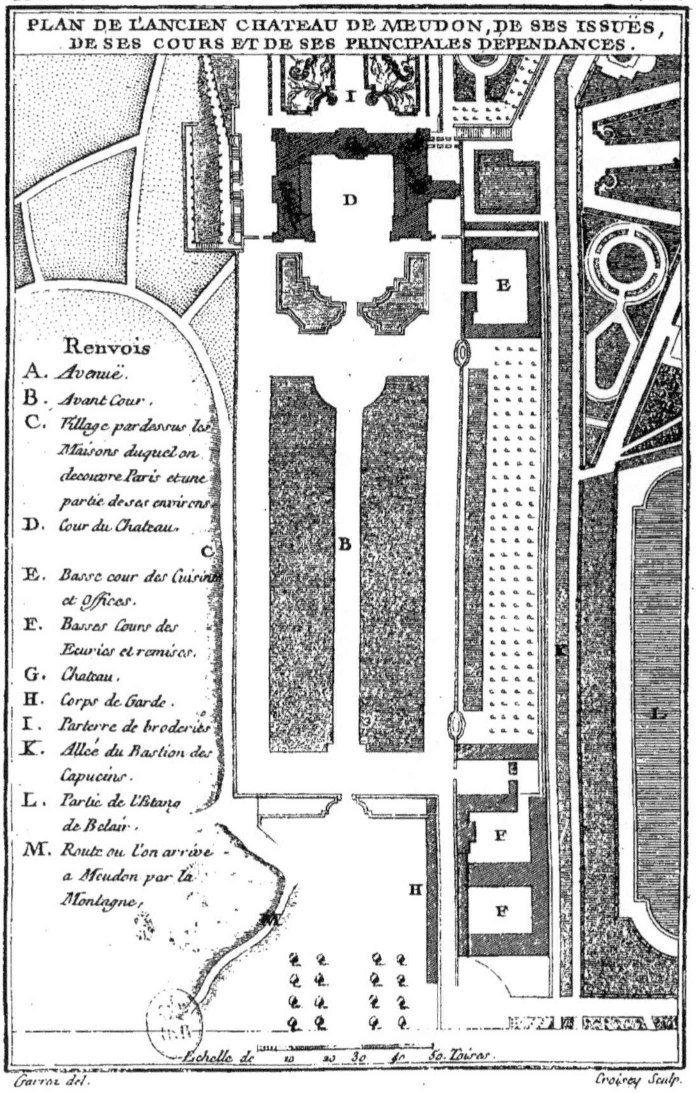

PLAN DE L'ANCIEN CHATEAU DE MEUDON, DE SES ISSUES,
DE SES COURS ET DE SES PRINCIPALES DÉPENDANCES.

Garrez del.

Croisey Sculp.

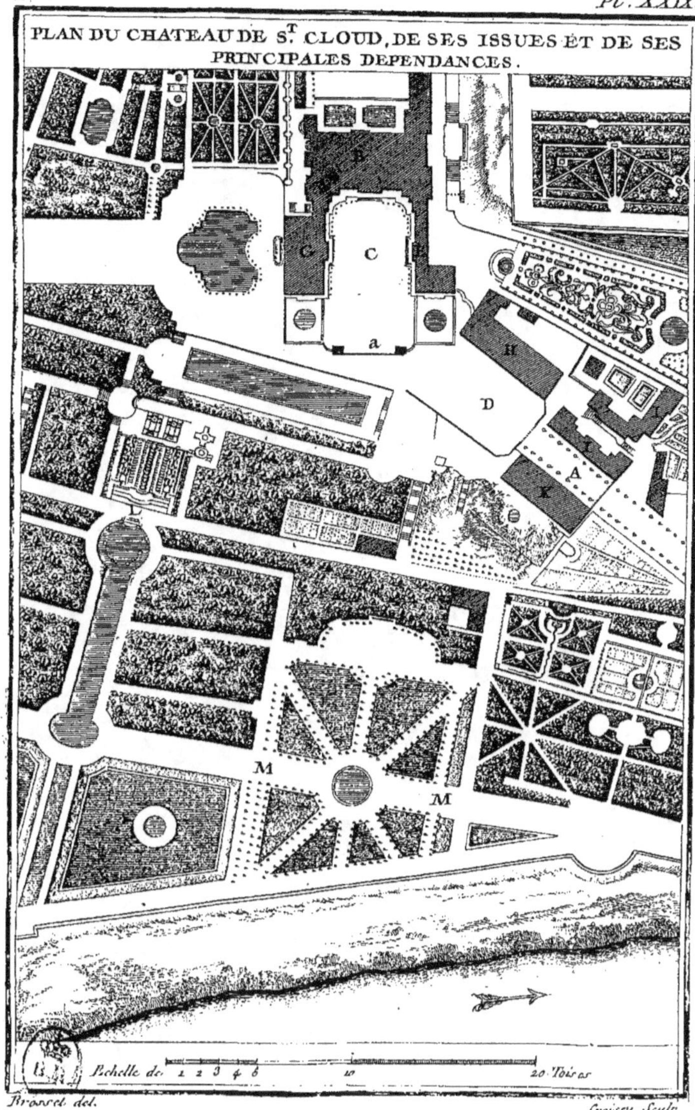
PLAN DU CHATEAU DE St. CLOUD, DE SES ISSUES ET DE SES
PRINCIPALES DEPENDANCES.
Echelle de 1 2 3 4 5 10 20 Toises
Brosset del.
Croisey Sculp.

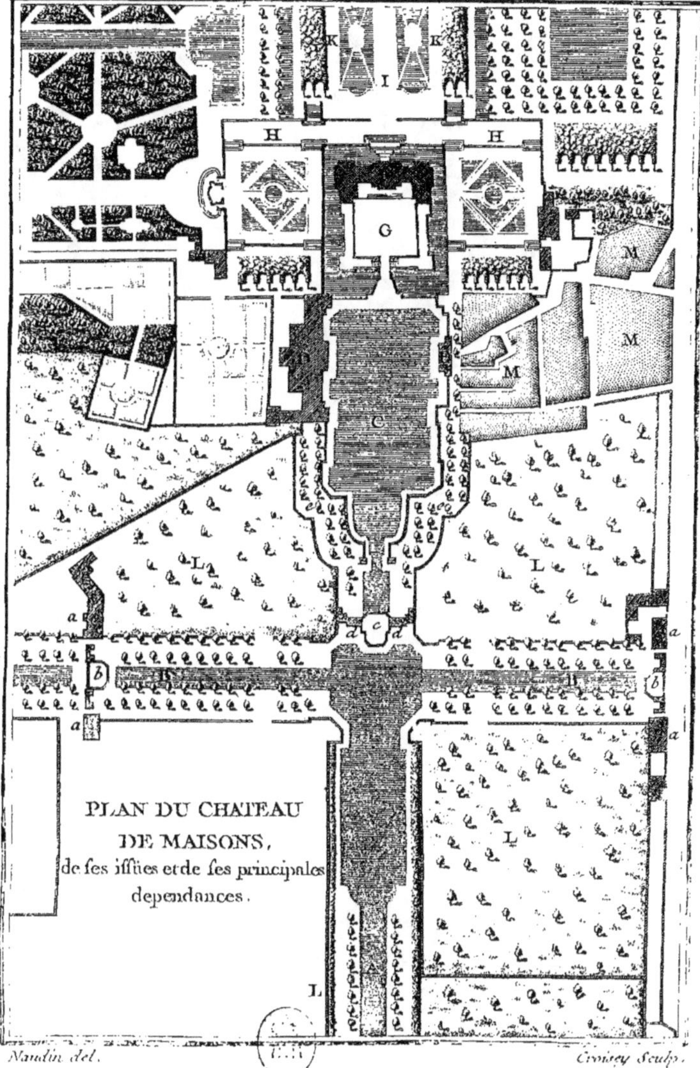

Naudin del.   Croisey Sculp.

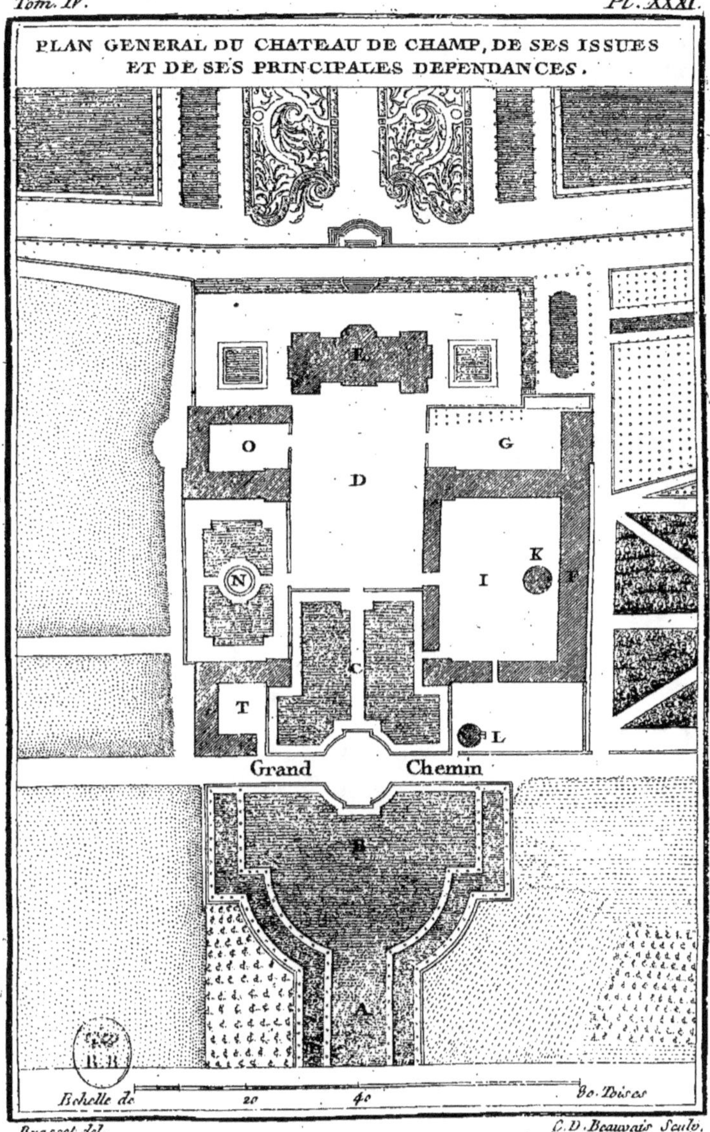

Brosset del.   C. D. Beauvais Sculp.

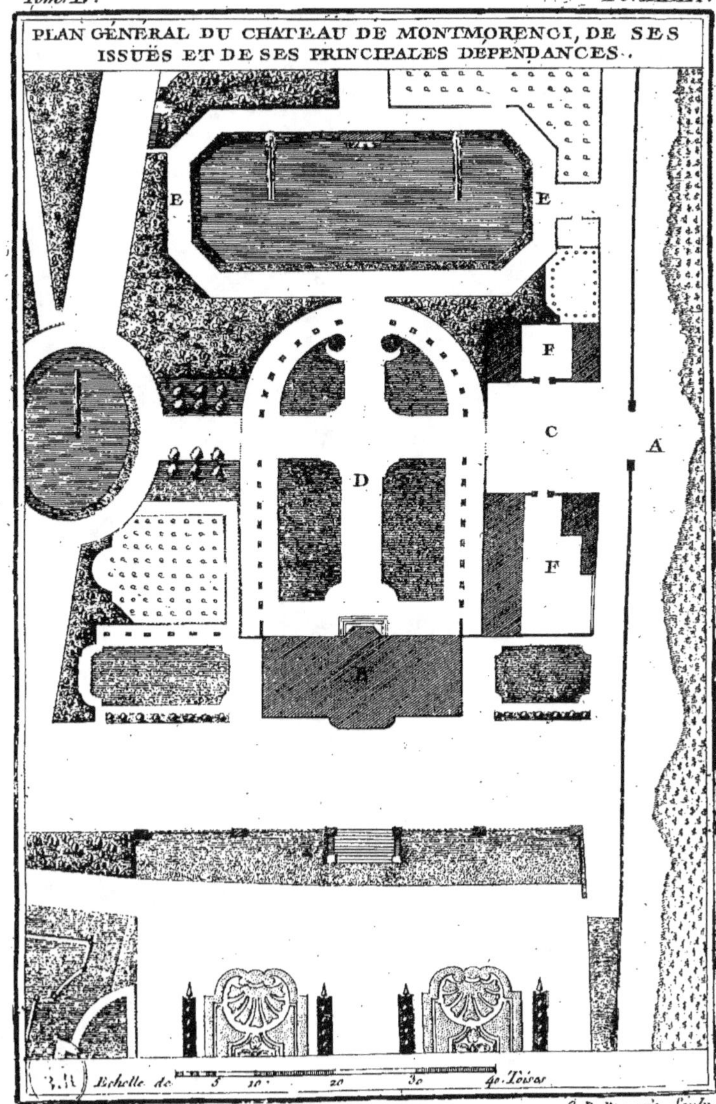

PLAN GÉNÉRAL DU CHATEAU DE MONTMORENCI, DE SES
ISSUËS ET DE SES PRINCIPALES DÉPENDANCES.
E
E
F
C
A
D
F
A
Echelle de   5   10   20   30   40. Toises
Brosset del.
C. D. Beauvais Sculp.

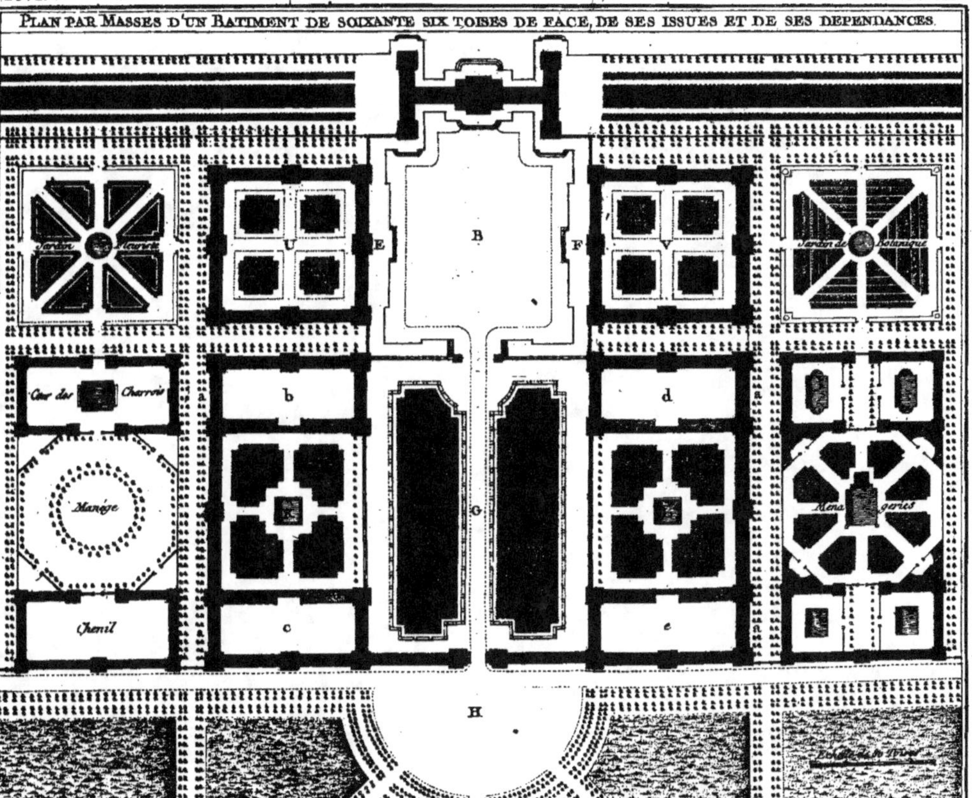
PLAN PAR MASSES D'UN BATIMENT DE SOIXANTE SIX TOISES DE FACE, DE SES ISSUES ET DE SES DEPENDANCES.
Jardin Fleuriste
Jardin de Botanique
B
E
F
U
V
Cour des Charrois
b
d
Manége
Menageries
Chenil
c
e
G
H
I
Brecourt del.
B.R.
Croisey Sculp.

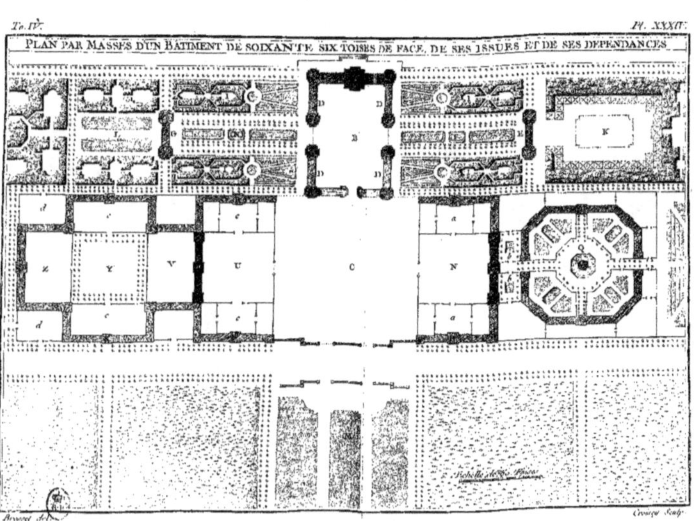

PLAN PAR MASSES D'UN BÂTIMENT DE SOIXANTE SIX TOISES DE FACE, DE SES ISSUES ET DE SES DEPENDANCES.
Echelle de 20 Toises.
Bernard del.
Croisey Sculp.

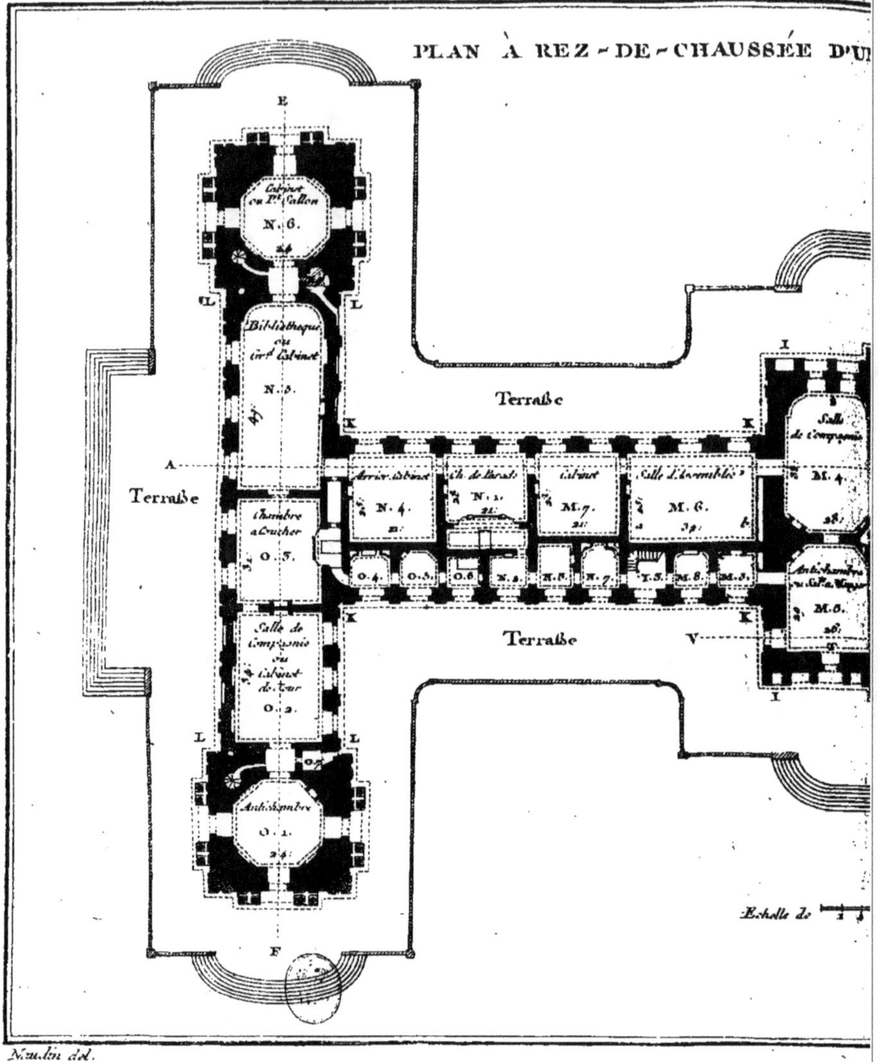

Tom. IV.
PLAN À REZ-DE-CHAUSSÉE D'U
Terrasse
Terrasse
Terrasse
Cabinet ou P.t Sallon
N. 6.
Bibliotheque ou Cab.t
N. 5.
Chambre a Coucher
O. 5.
Salle de Compagnie ou Cabinet de Jeu
O. 3.
Antichambre
O. 1.
O. 4.
O. 3.
O. 6.
N. 4.
N. 1.
M. 7.
M. 6.
Salle de Compagnie
M. 4.
Antichambre ou Salle à Manger
M. 5.
Echelle de
Naulin del.

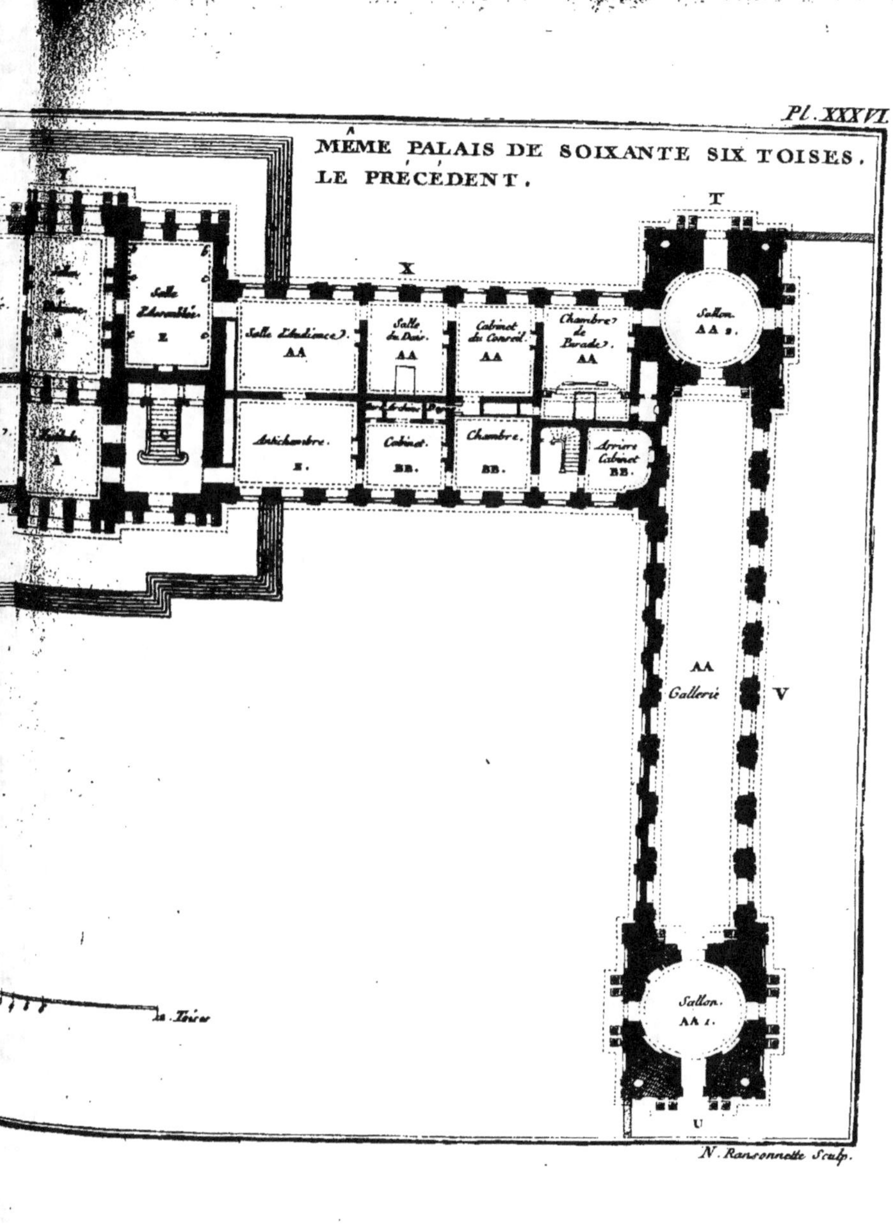

Pl. XXXVI.
MÊME PALAIS DE SOIXANTE SIX TOISES.
LE PRÉCÉDENT.
T
Sallon.
AA 2.
Salle d'Assemblée.
X
Salle d'Audience.
AA
Salle du Dais.
AA
Cabinet du Conseil.
AA
Chambre de Parade.
AA
Antichambre.
X
Cabinet.
BB.
Chambre.
BB.
Arriere Cabinet.
BB.
AA
Gallerie
V
Sallon.
AA 1.
U
Le Toise
N. Ransonnette Sculp.

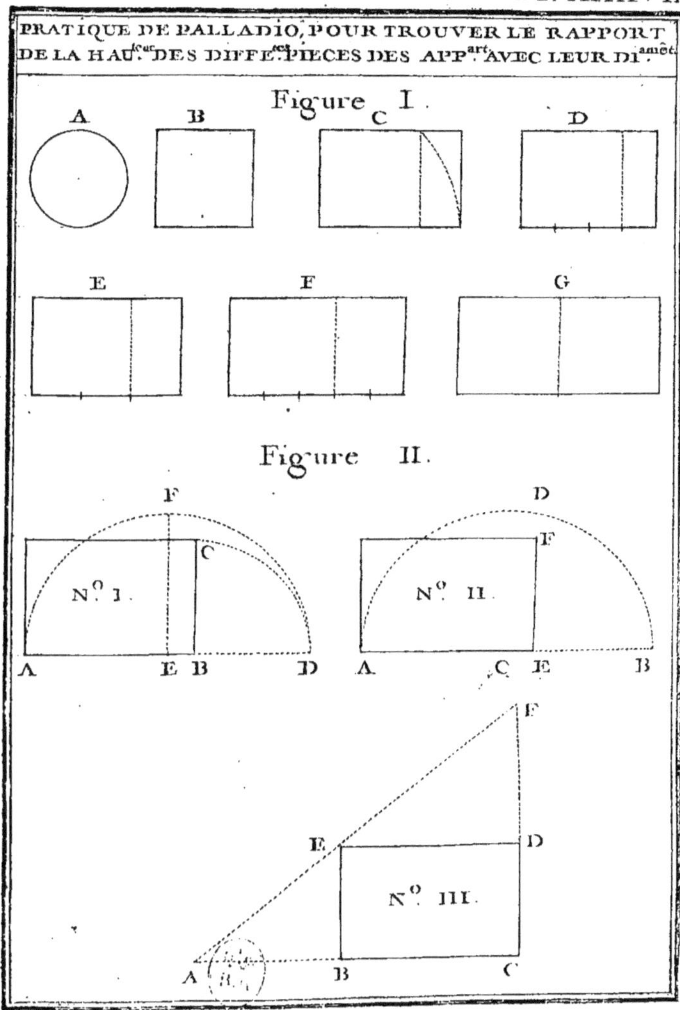
PRATIQUE DE PALLADIO, POUR TROUVER LE RAPPORT
DE LA HAU.eur DES DIFFE.tes PIECES DES APP.art AVEC LEUR DI.amét.
Figure I.
A   B   C   D
E   F   G
Figure II.
F
C
N.o I.
A   E B   D
D
F
N.o II.
A   C E   B
F
E   D
N.o III.
A   B   C
Cauchois del. et Sculp.

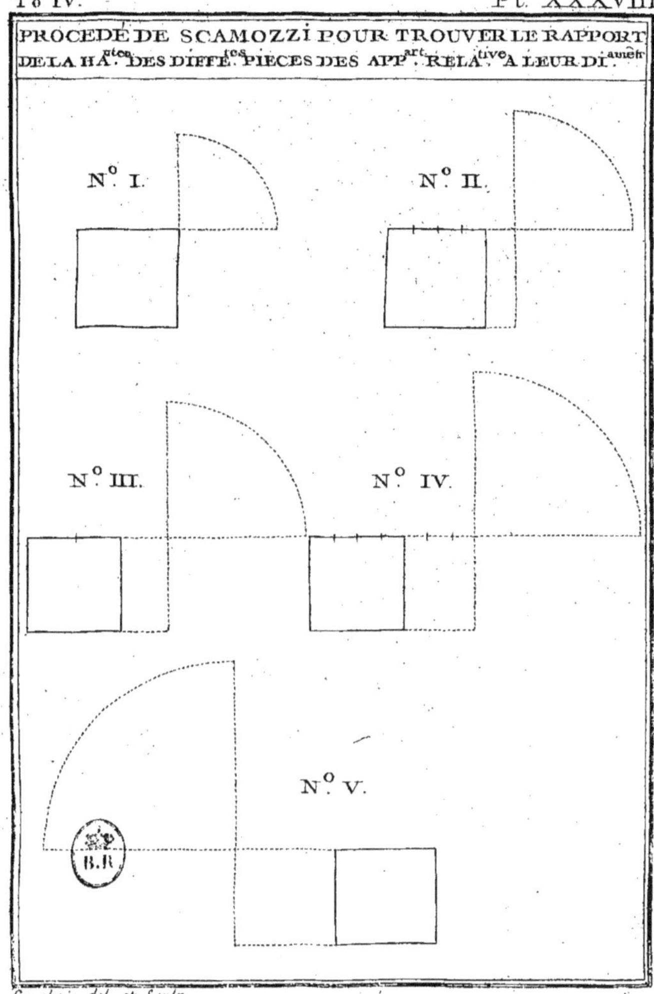

Cauchois del. et Sculp.

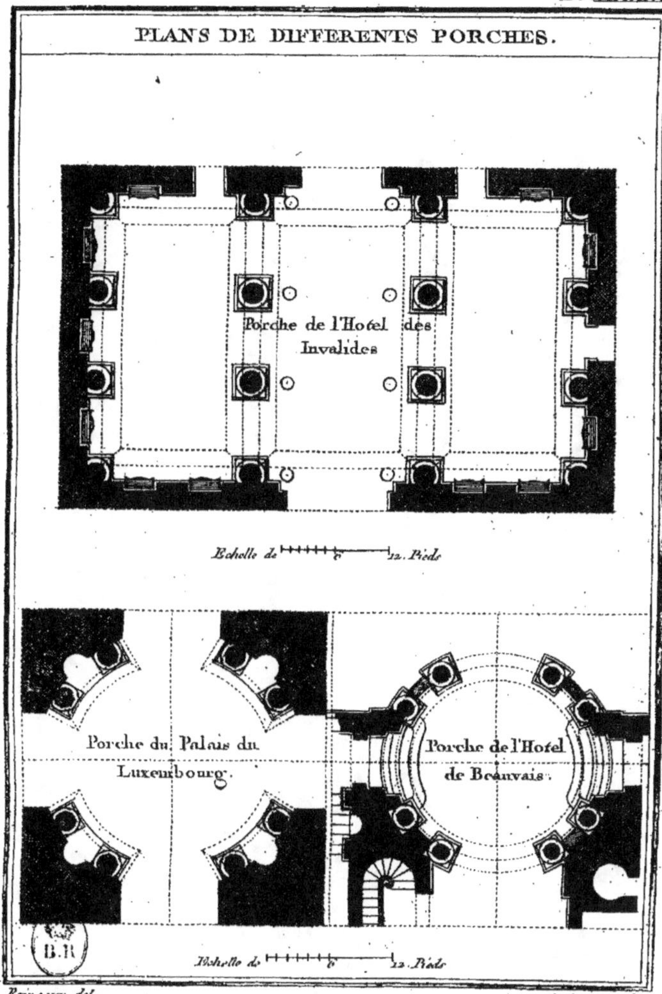
PLANS DE DIFFERENTS PORCHES.
Porche de l'Hotel des
Invalides
Echelle de 12. Pieds
Porche du Palais du
Luxembourg.
Porche de l'Hotel
de Beauvais.
Echelle de 12. Pieds
B.R
Rnincour del.
Croisey Sculp.

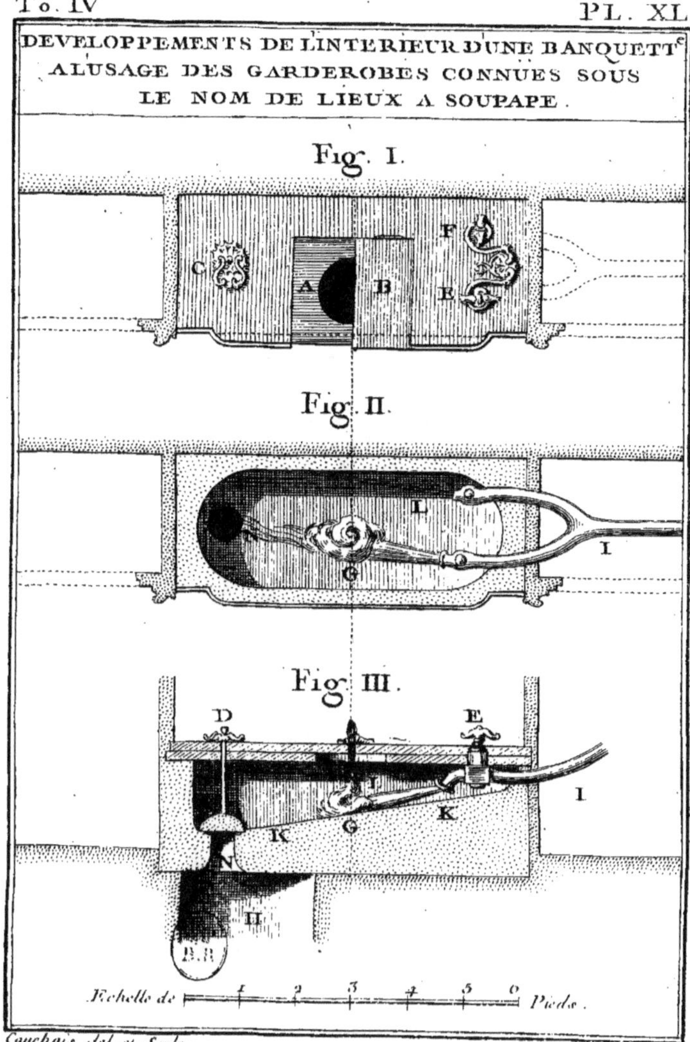

DEVELOPPEMENTS DE L'INTERIEUR D'UNE BANQUETTᵉ
A L'USAGE DES GARDEROBES CONNUES SOUS
LE NOM DE LIEUX A SOUPAPE.
Fig. I.
C   A   B   F
E
Fig. II.
L
G   I
Fig. III.
D   E
G   K   I
K
N
H
B.B.
Echelle de   1   2   3   4   5   6   Pieds.
Cauchois del. et Sculp.

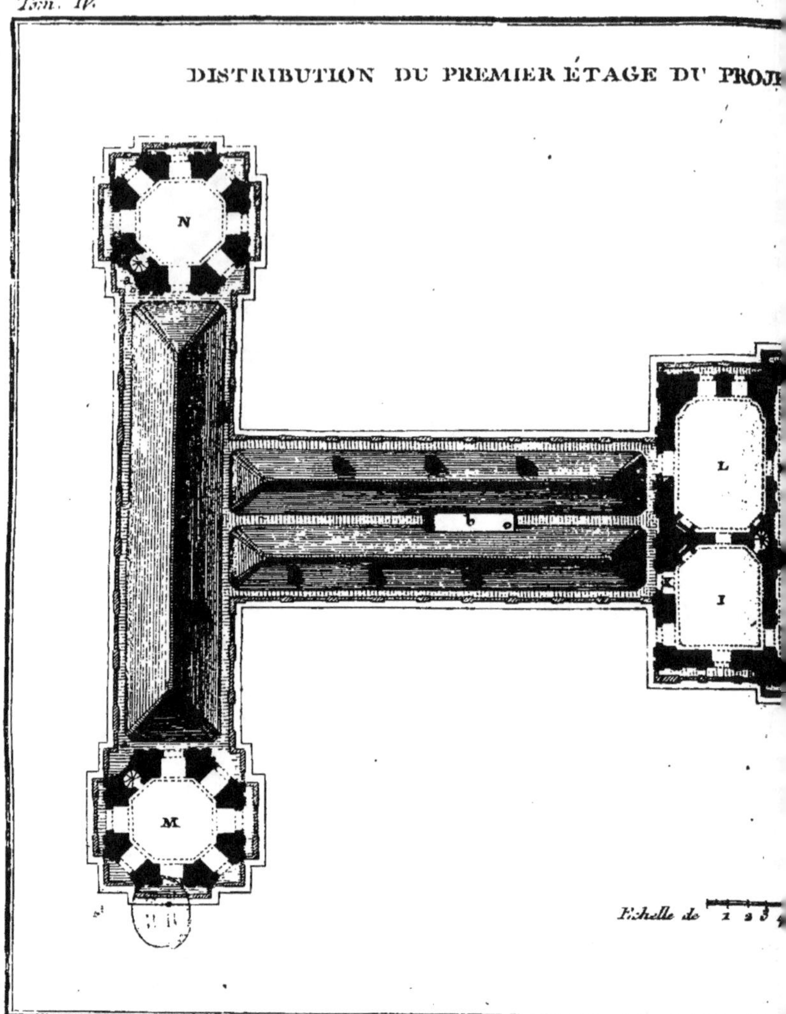
DISTRIBUTION DU PREMIER ÉTAGE DU PROJE
N
M
L
I
Echelle de 1 2 3 4
Brosset del.

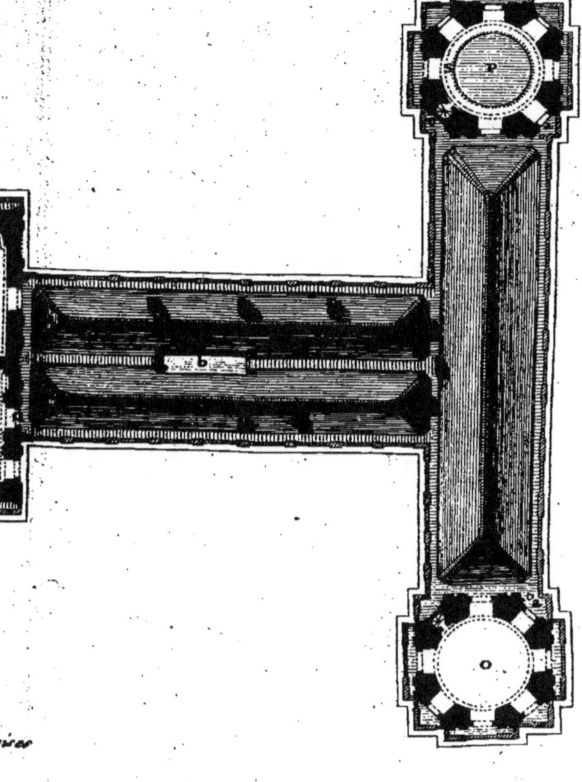

N. Ransonnette Sculp.

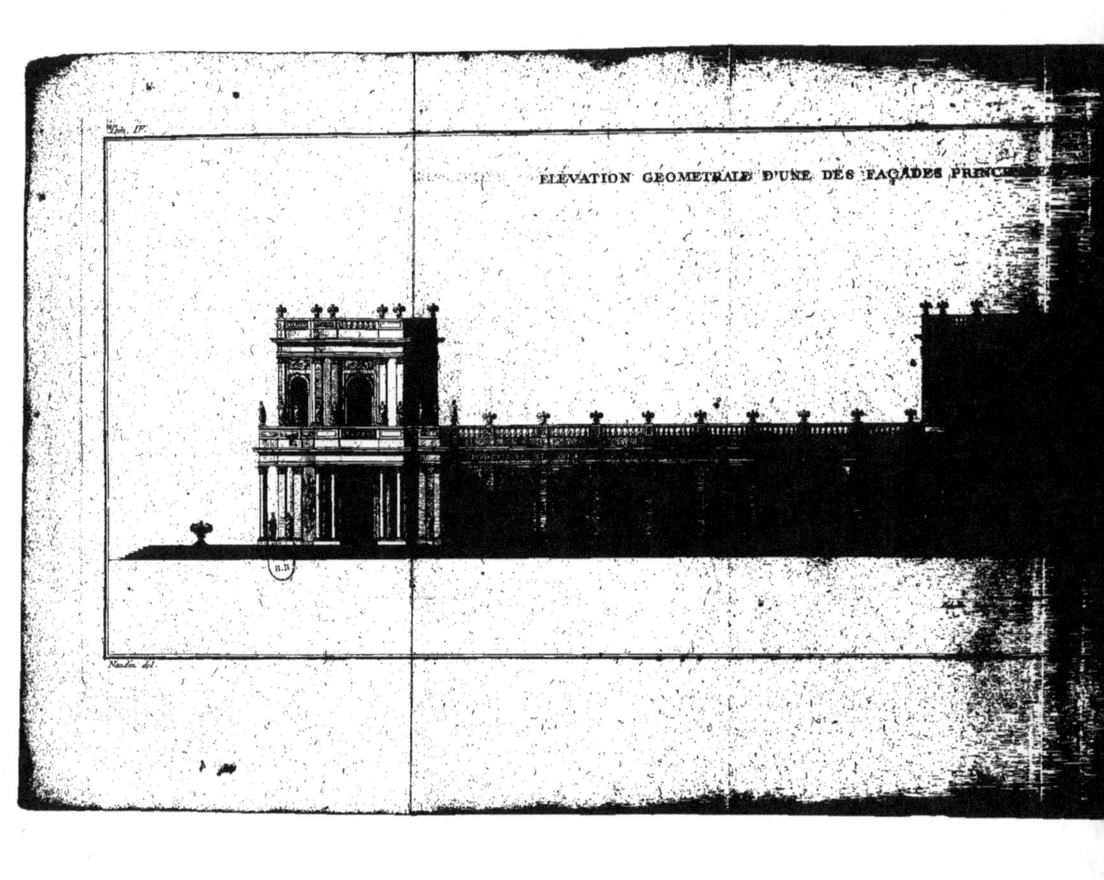

Tom. IV.
ÉLÉVATION GÉOMÉTRALE D'UNE DES FAÇADES PRINC...
Naudin del.

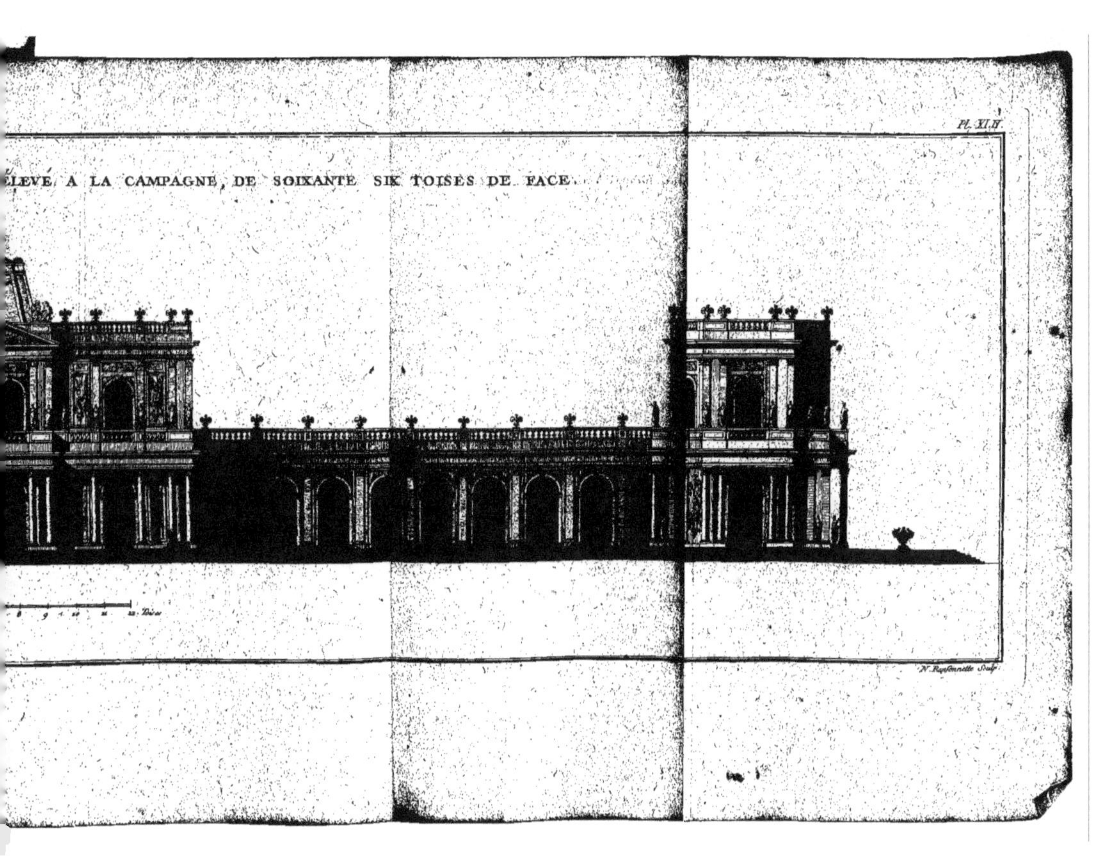

ÉLEVÉ A LA CAMPAGNE, DE SOIXANTE SIX TOISES DE FACE.

ÉLÉVATION GÉOMÉTRALE

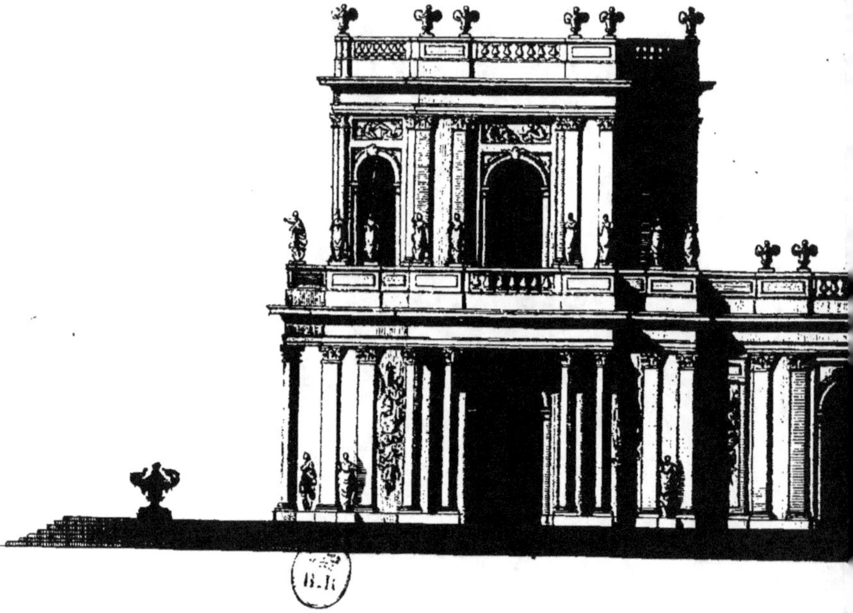

Naudin del.

DES FACES LATERALES D'UN PALAIS, DE SOIXANTE SIX TOISES DE FACE.

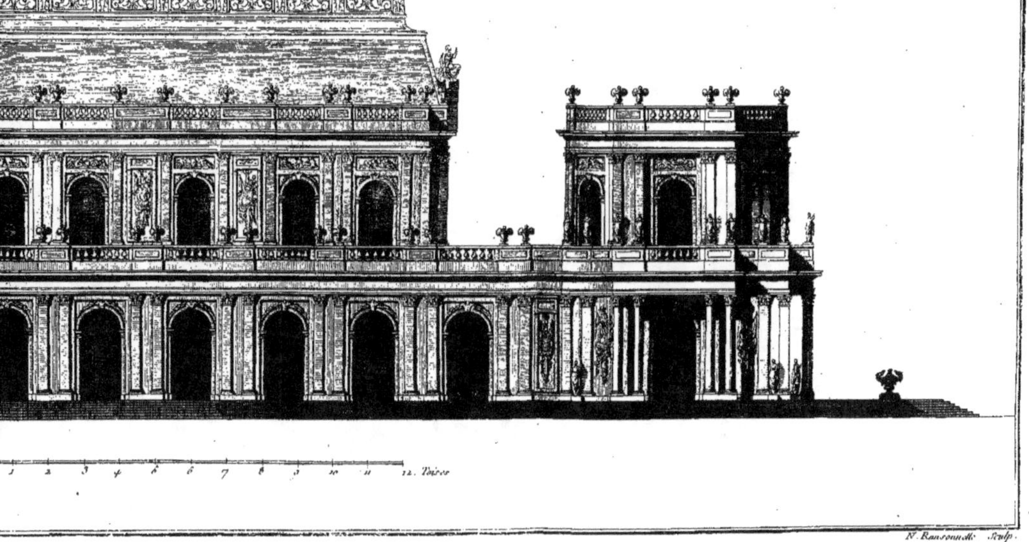

N. Ransonnette Sculp.

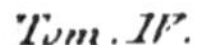

Tom. IV.
COUPE PRISE SUR LA PROF
COTÉ DES JARDINS
Echelle
Naudin del.

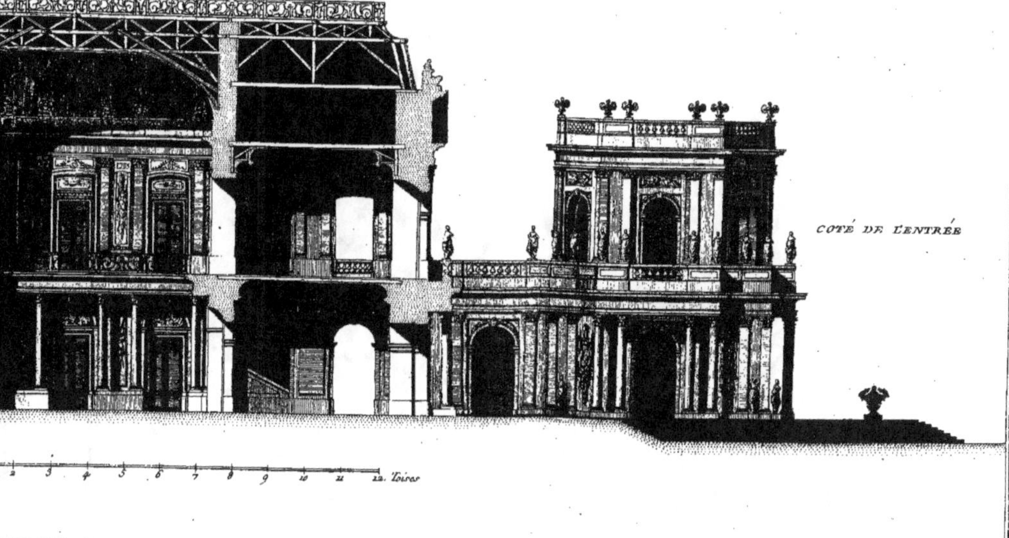
UR DU PRINCIPAL CORPS DE LOGIS D'UN PALAIS DE SOIXANTE SIX TOISES DE FACE.
COTÉ DE L'ENTRÉE
2 3 4 5 6 7 8 9 10 11 12 Toises
N. Ransonnette Sculp

PLAN D'UN BELVEDERE SERVANT DE RETOUR DE CHASSE.

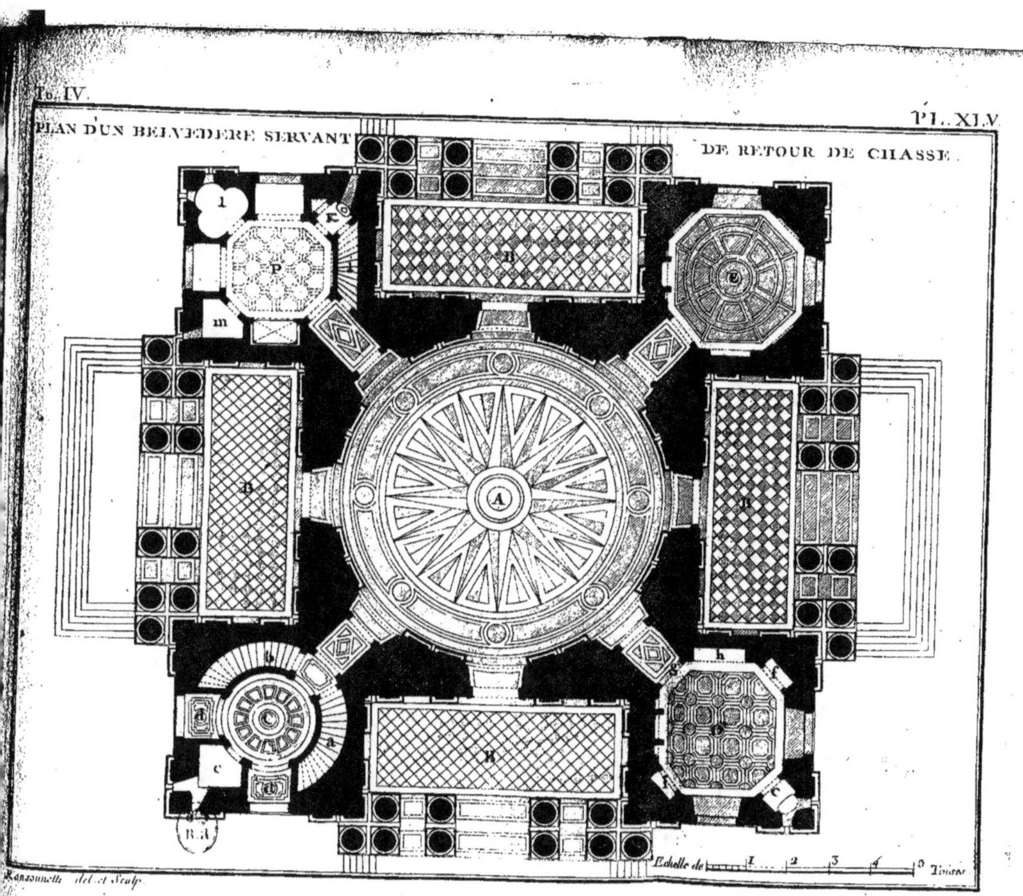

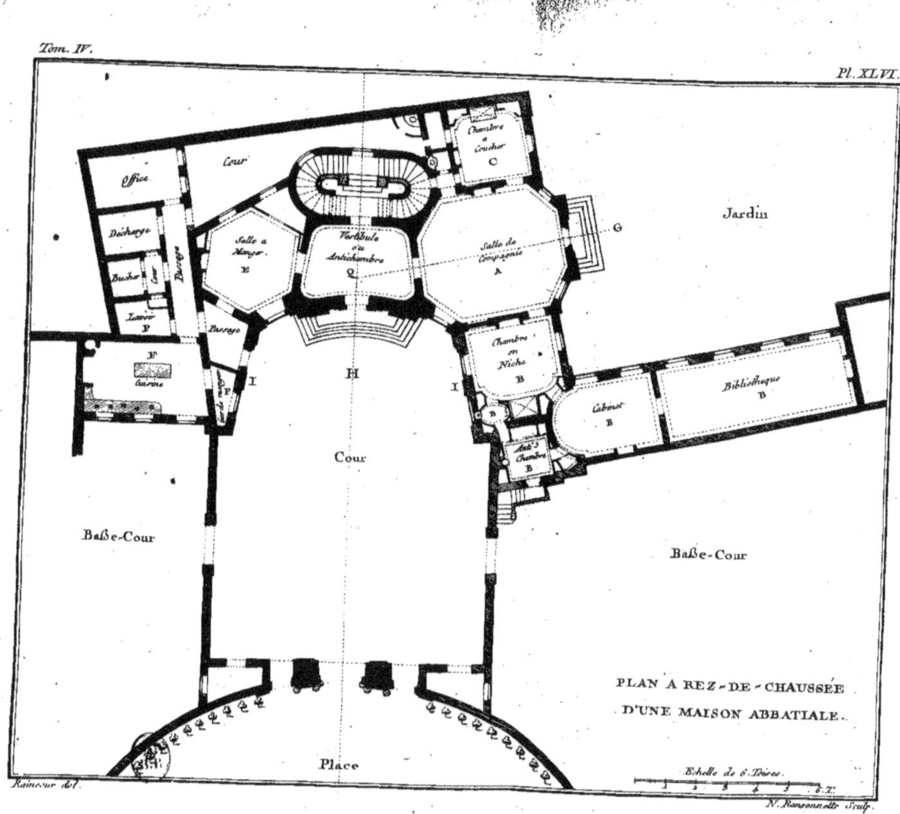
Pl. XLVI.
Cour
Office
Décharge
Bucher
Cour
Passage
Salle a Manger
E
Vestibule ou Antichambre
Q
Chambre a coucher
C
Jardin
Salle de Compagnie
A
G
Lavoir
P
Passage
Chambre en Niche
B
Cabinet
B
Bibliotheque
B
Cuisine
F
F
I
H
I
Ant.e Chambre
B
D
Cour
Basse-Cour
Basse-Cour
PLAN A REZ-DE-CHAUSSÉE
D'UNE MAISON ABBATIALE.
Place
Echelle de 6 Toises.
1   2   3   4   5   6 T.
Raineur del.
N. Ransonnette Sculp.

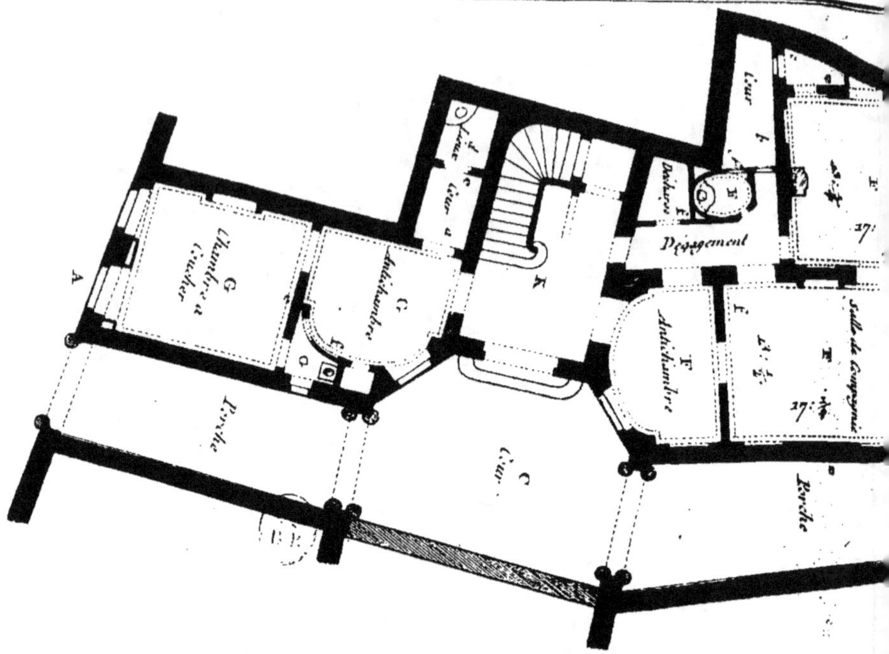

PLAN À REZ-DE-CHAUSSÉE D'UNE MAISON PAR

Echelle de

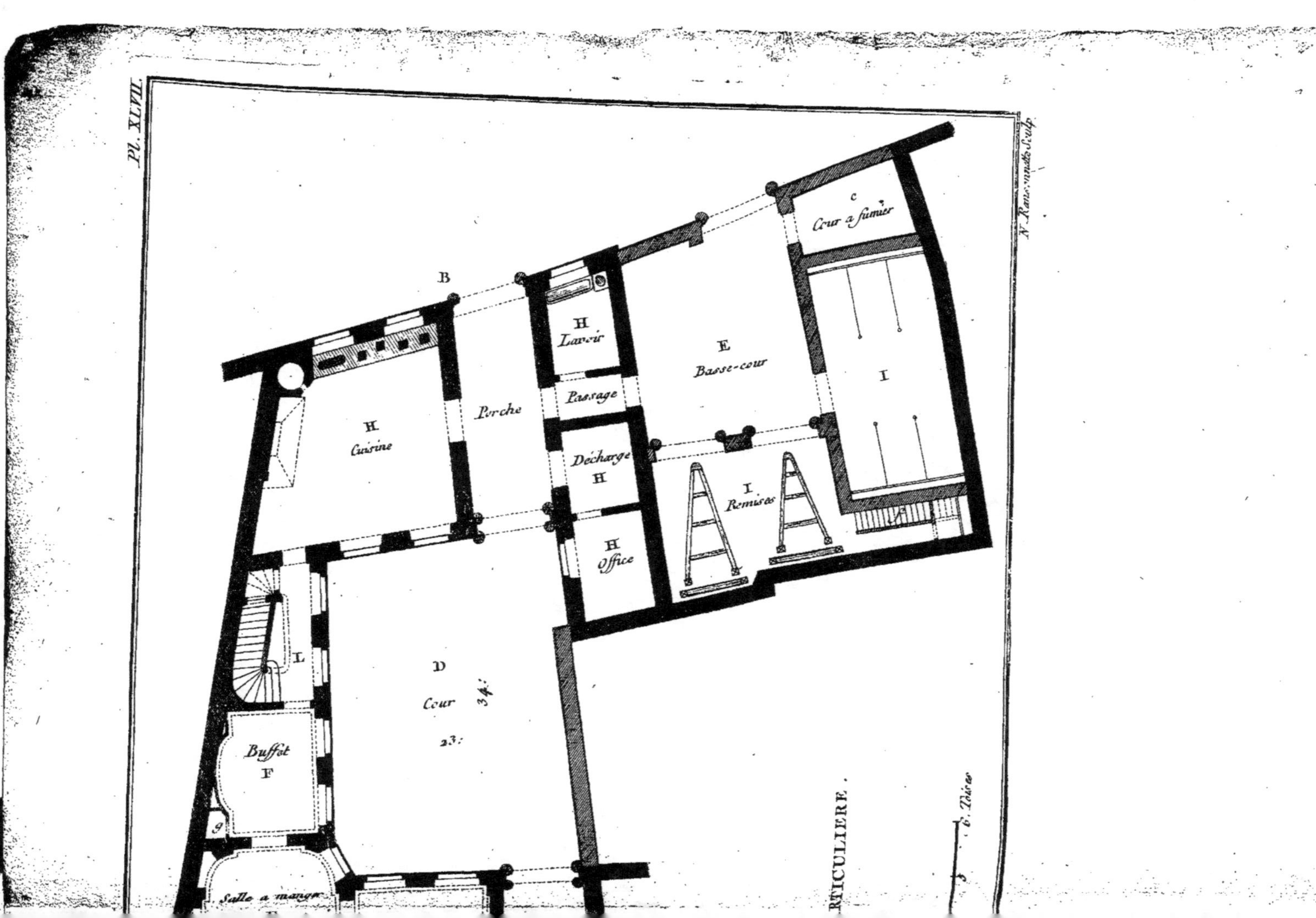
Pl. XLVII.
Cour a fumier
c
B
H
Lavoir
E
Basse-cour
I
Porche
Passage
H
Cuisine
Décharge
H
I
Remises
H
Office
L
D
Cour
34.
23.
Buffet
F
RTICULIERE.
6. Toises
Salle a manger
N. Ransonnette Sculp.

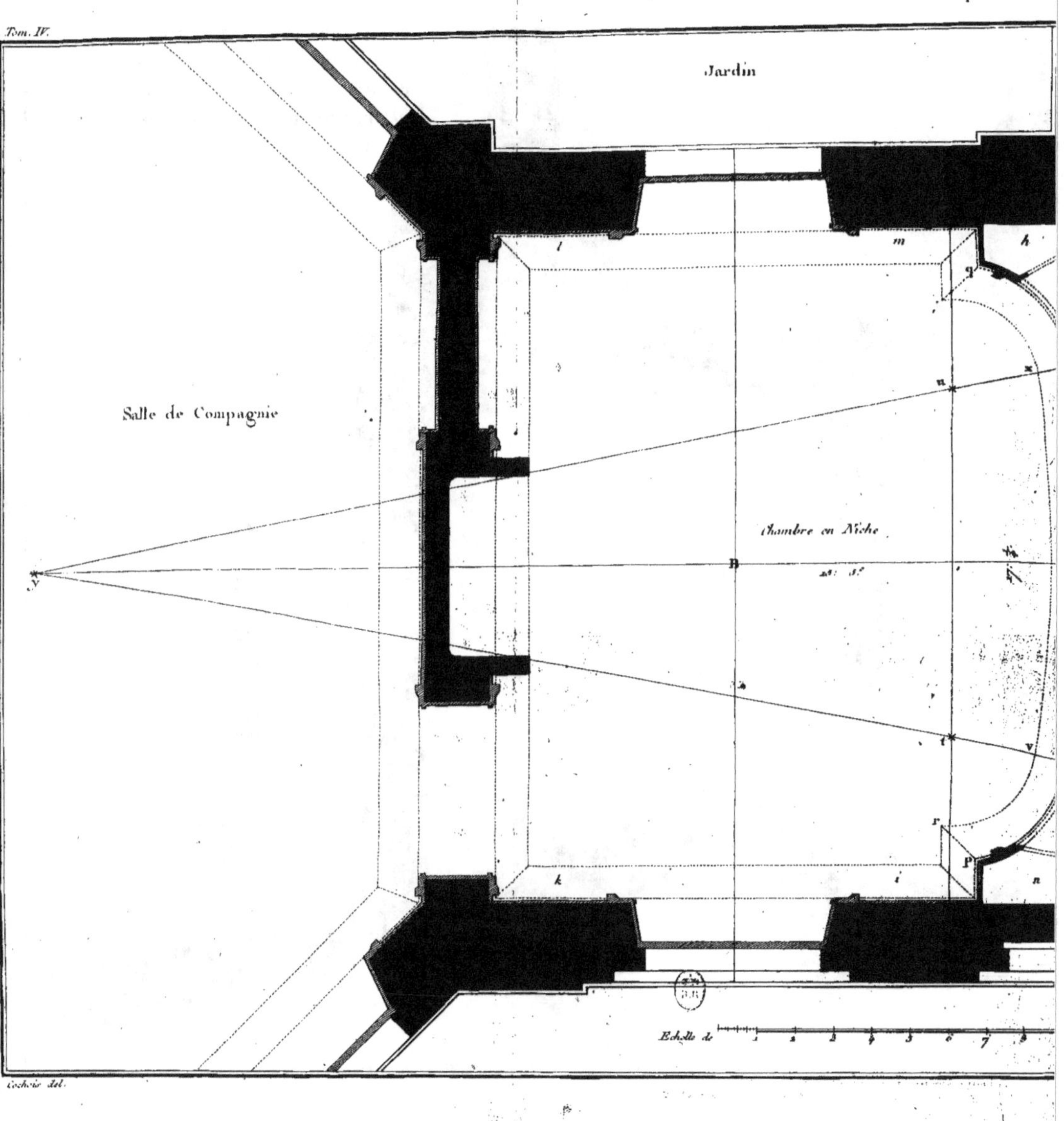

Tom. IV.
Jardin
Salle de Compagnie
Chambre en Niche
Echelle de
Cochois del.

Pl. XLVIII. 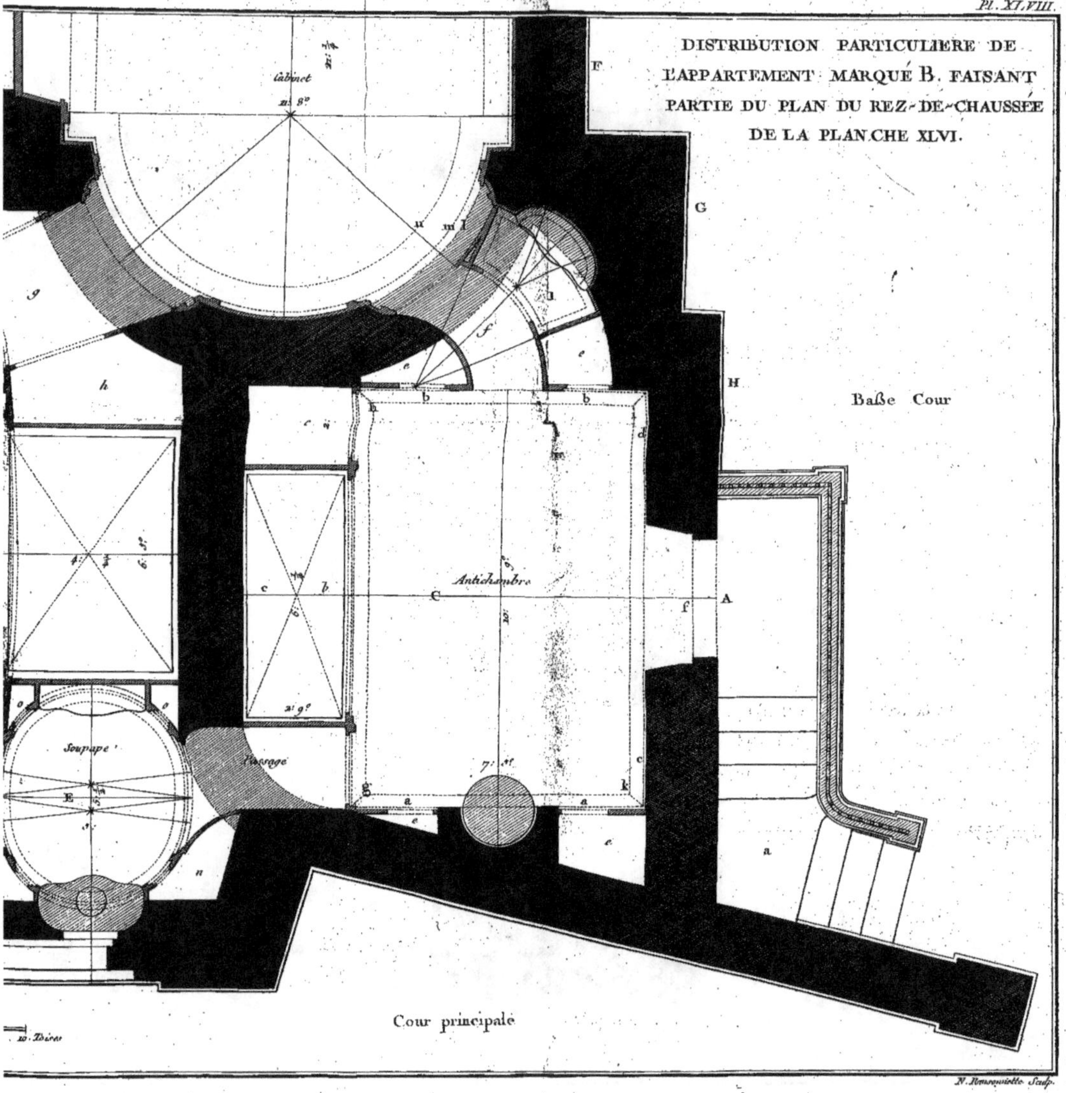
DISTRIBUTION PARTICULIERE DE
L'APPARTEMENT MARQUÉ B. FAISANT
PARTIE DU PLAN DU REZ-DE-CHAUSSÉE
DE LA PLANCHE XLVI.
F
G
H
Baße Cour
Cabinet
Antichambre
Soupape
Passage
A
C
E
Cour principale
N. Ransonnette Sculp.

PLAN DE LA DISTRIBUTION D'UN DEUXIEME APPARTEMENT

DÉTAILLÉ, DANS LE GENRE DU PRÉCÉDENT.

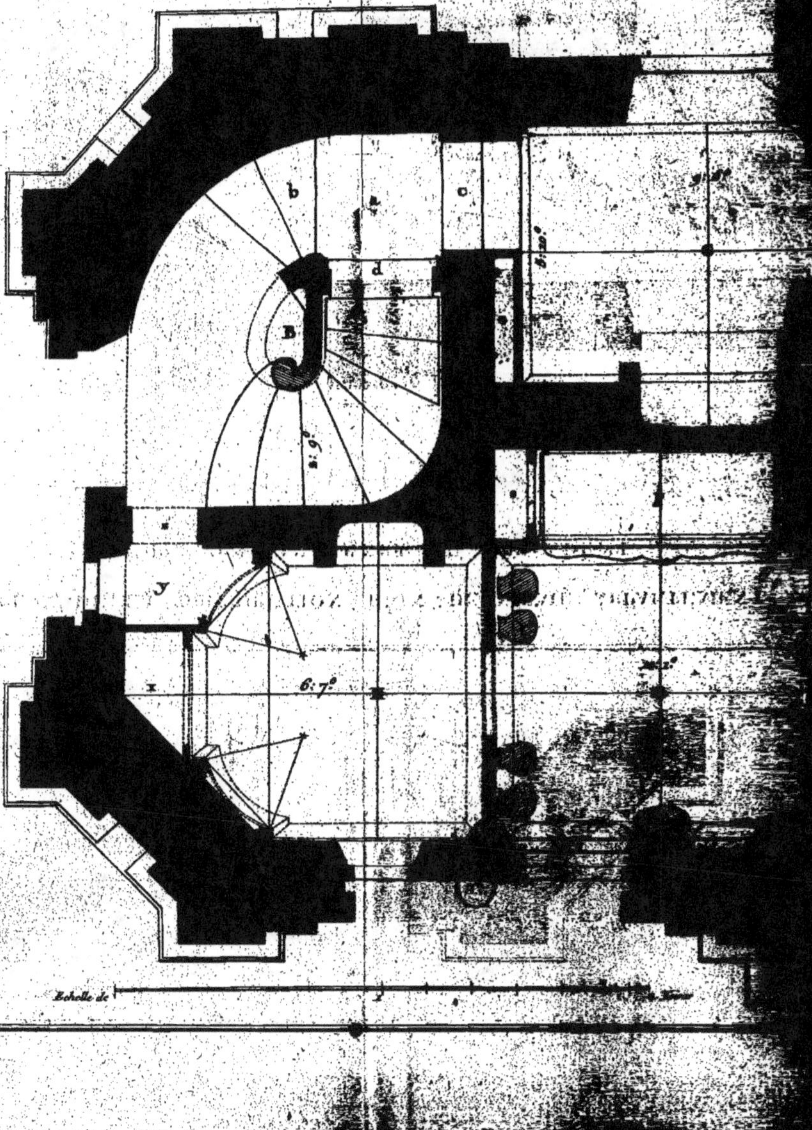

Echelle de

PLAN DE LA DISTRIBUTION D'UN DEUXIEME APPARTEMENT

DÉTAILLÉ, DANS LE GENRE DU PRÉCÉDENT.

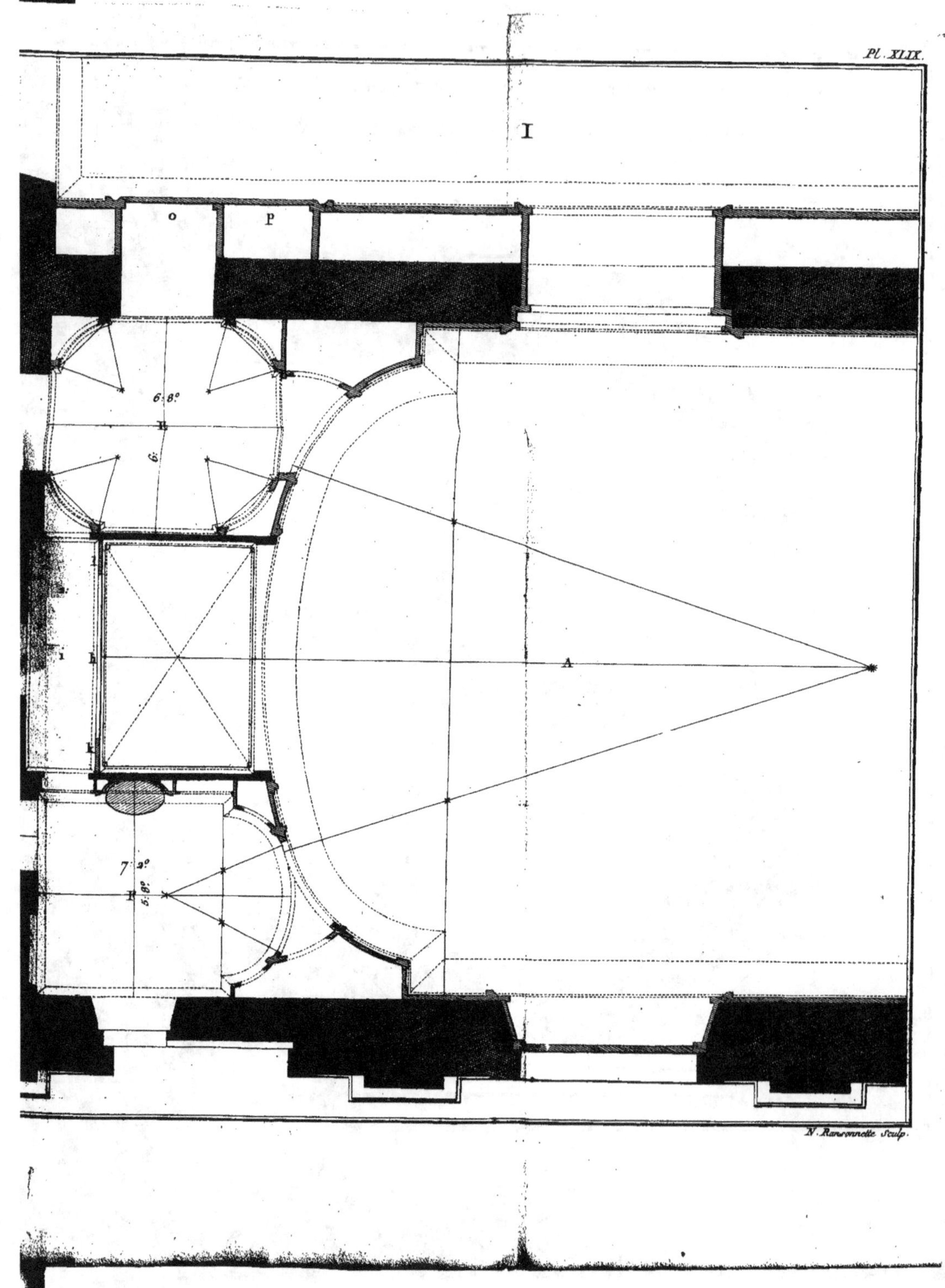

Pl. XLIX.
I
o   P
6·8°
6·
A
7·2°
5·8°
N. Ransonnette Sculp.

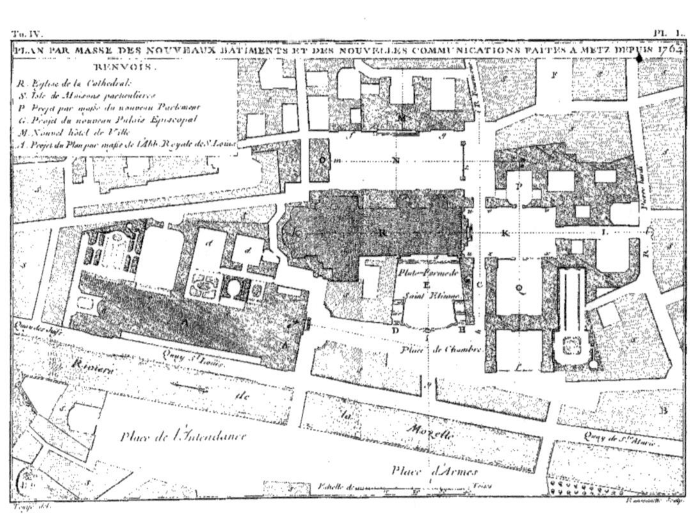

PLAN PAR MASSE DES NOUVEAUX BATIMENTS ET DES NOUVELLES COMMUNICATIONS FAITES A METZ DEPUIS 1764
RENVOIS.
R. Eglise de la Cathedrale.
S. Isle de Maisons particulieres
P. Projet par masse du nouveau Parlement
G. Projet du nouveau Palais Episcopal
M. Nouvel hôtel de Ville
A. Projet du Plan par masse de l'Abb. Royale de S.t Louis
Plate-Forme de Saint Etienne
Quay des Juifs
Quay S.t Louis
Riviere
Place de Chambre
de
la
Moselle
Place de l'Intendance
Place d'Armes
Quay de S.t Marie
Echelle de
Toises

PLAN PAR MASSES D'UNE PARTIE DES NOUVEAUX BATIMENTS ET DES N[...]
P
O
N
M
L
K
I
H
N
D
A
B
C
E
F
G
m
m
10 20 3o 4o 5o   100
Echelle de 100 Toises
deux del.

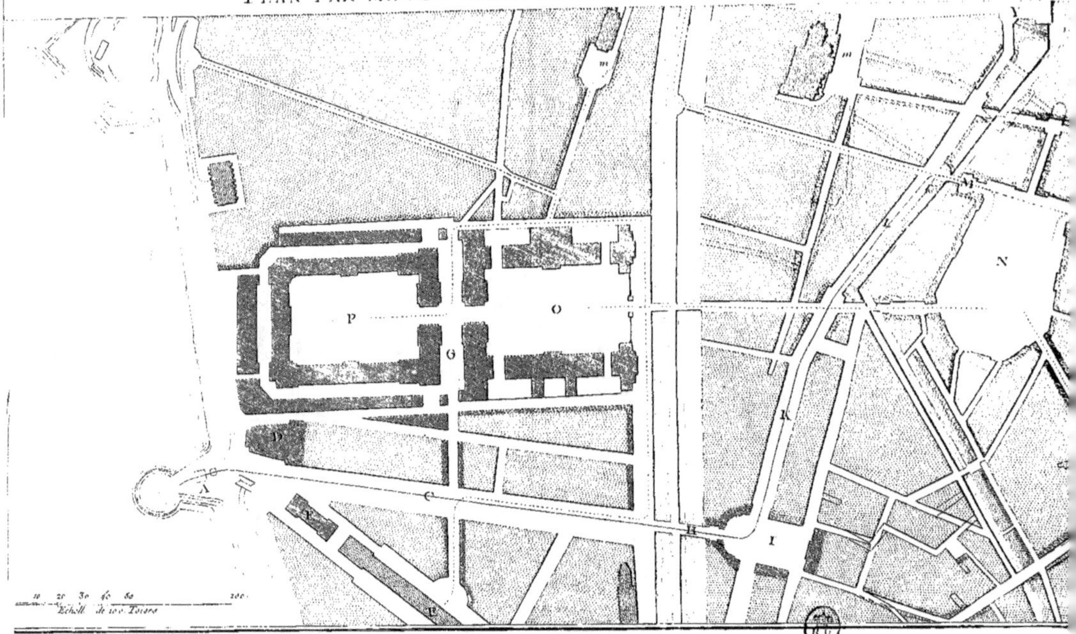

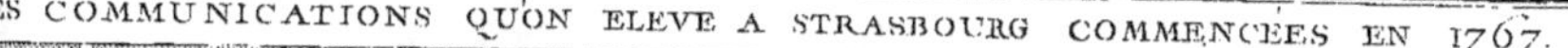
ES COMMUNICATIONS QU'ON ELEVE A STRASBOURG COMMENCÉES EN 1767.

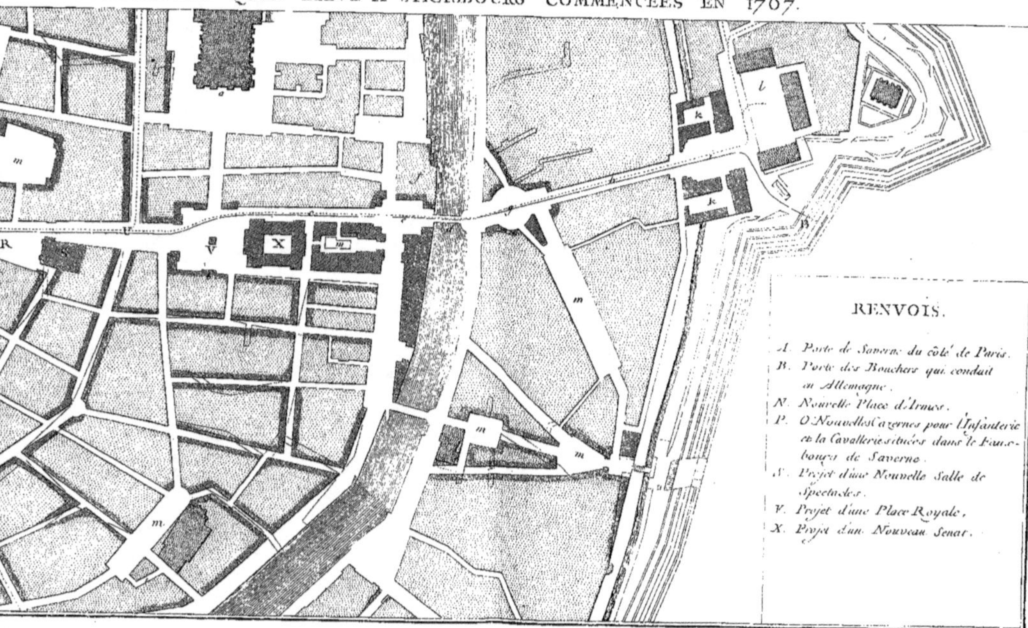
RENVOIS.
A. Porte de Saverne du côté de Paris.
B. Porte des Bouchers qui conduit au Allemagne.
N. Nouvelle Place d'Armes.
P. O Nouvelles Cazernes pour l'Infanterie et la Cavallerie situées dans le Faux-bourg de Saverne.
S. Projet d'une Nouvelle Salle de Spectacles.
V. Projet d'une Place Royale.
X. Projet d'un Nouveau Senat.
Ransonnette Sculp.